LETTRES
A M. FRANKLIN,
SUR LA MARINE,

Et particuliérement ſur la poſſibilité de rendre Paris Port;

Précédées de Recherches ſur les moyens d'y prévenir la diſette des Grains.

SECONDE ÉDITION, corrigée & augmentée.

Par M. DAVID LE ROY, de l'Académie des Belles-Lettres, de celles de Marine, d'Architecture; de la Société Philoſophique Américaine, de celle des Antiquaires de Londres, & de l'Inſtitut de Bologne.

A PARIS;

Chez { l'Auteur, Cour du vieux Louvre.
BARROIS l'aîné, Libraire, quai des Auguſtins.

1790.

LETTRES A M. FRANKLIN, SUR LA MARINE.

INTRODUCTION.

Des moyens de prévenir la disette des Grains dans la Capitale, & de les répartir promptement, également, dans les Provinces du Royaume.

MALGRÉ les ordres infiniment sages renouvellés cette année par le Roi & son Ministre des Finances pour empêcher l'exportation des grains; malgré les décrets de l'Assemblée Nationale réitérés à ce sujet; *des Députés de quelques frontières du Royaume se plaignirent à cette Assemblée* (dans l'une des dernières Séances qu'elle tint à Versailles) *d'exportations consi-*

dérables de grains faites à l'Etranger (1). Ainsi la récolte faite récemment, qui nous suffisoit pour atteindre à celle de l'an prochain, ne suffira peut-être plus, & peut-être serons-nous obligés d'importer de l'Etranger dans le Royaume, la même quantité de grains que des spéculateurs aussi avides que mauvais citoyens, ou des ennemis de l'Etat, en ont fait sortir.

Les recherches contenues dans cette Introduction, présentent donc en général le même objet d'utilité qu'elles présentoient lorsque je les publiai pour la première fois (2). Elles offrent même à présent un intérêt qu'elles n'inspiroient pas alors. Dans les grandes calamités, telles que celle que nous éprouvâmes à la fin d'Août par l'extrême disette des grains, on voit avec une sorte d'indifférence les ref-

---

(1) Journal de Paris, 16 Octobre 1789.

(2) Ces recherches ou observations ont été d'abord imprimées dans le Journal de Physique au mois d'Août 1789. J'ai cru devoir mettre les idées générales qu'elles contiennent dans l'Introduction qu'on lit ici ; & j'ai inséré divers détails de marine qu'elles renfermoient aussi, dans mes Lettres à M. Franklin.

ſources éloignées ; on ne fait beaucoup d'attention qu'à celles qui remédient au malheur du moment. Ce moment, dont le ſouvenir nous fait encore frémir, eſt paſſé ; nous ne pouvons craindre de diſette qu'à l'approche d'une nouvelle récolte; ainſi nous avons tout le tems de faire & d'expédier les navires décrits dans les Lettres qui ſuivent, & qui ſeroient les plus propres à prévenir la diſette des grains dans la capitale, en les y important d'une manière directe & avec beaucoup de célérité.

Paris reçoit à la vérité journellement des bleds, des farines de l'Amérique, de divers pays du Nord, de pluſieurs ports de la Méditerranée, de la Hollande, de l'Angleterre; mais comme les bâtimens deſtinés au tranſport de ces farines, de ces bleds, tirent en général beaucoup d'eau, l'embarquement ne s'en fait ſouvent qu'à pluſieurs repriſes; d'abord ſur de petites embarcations, enſuite ſur les navires qui les apportent : opérations qui entraînent néceſſairement d'aſſez grands retards dans cette première partie de leur importation.

Si les vaiſſeaux qui apportent ces grains

arrivent à l'embouchure de la Seine avec un vent favorable qui les feroit remonter très-promptement jusqu'à Rouen, ils ne peuvent en profiter s'ils tirent plus de huit pieds d'eau. Ils sont forcés alors de relâcher au Havre, à Honfleur, d'y débarquer leurs bleds, leurs farines; on les rembarque sur des galiotes, sur des alèges, sur des gribannes; & on perd ainsi l'occasion précieuse qu'offroit ce vent, de faire une navigation très-prompte.

Ces grains destinés pour Paris, éprouvent à la fin de leur route de nouveaux retards. A Rouen on les débarque des vaisseaux qui les apportent, sur le port; on les rembarque ensuite du port sur ces bâtimens qu'on appelle diligences, & qui, dans les plus belles saisons, emploient dix-sept à dix-huit jours pour remonter jusqu'à notre capitale.

J'ai souvent entendu dire à M. Francklin que des effets qui lui étoient envoyés de Philadelphie, étant arrivés en vingt-trois jours au Havre, il avoit été trois mois à les recevoir du Havre à Passy. On peut assurer en général que le trajet par eau de Paris à Londres, ou de Londres à Paris, ne se fait pas, à beaucoup près, aussi promptement que celui d'Europe en Amérique, par les retards de toute espèce qui résultent du changement de bâtiment dans cette traînante navigation.

La lenteur sur-tout avec laquelle se fait (comme je l'ai dit) la dernière partie de l'importation des grains, est telle que pour l'éviter, le Gouvernement, d'après les vues pleines d'humanité du Roi, a ordonné de les transporter par terre de Rouen à Paris : opération qui sera si onéreuse à ce Prince, que le pain, à ce que l'on assure, procuré par cette voie malheureusement indispensable, lui sera compté sur le pied de dix sols la livre.

Les retards très-longs, très-multipliés qui résultent de tous ces embarquemens, de tous ces débarquemens des bleds, des farines, vont coûter, comme on le voit, une somme immense au Roi. Combien, quand on éprouve une disette de grains, ne peuvent-ils pas devenir funestes ! Que n'avions-nous pas à craindre, d'après la lenteur extrême avec laquelle se fait l'importation de ces grains, si nous avions eu un Ministre des Finances moins vigilant ! Le glaive de la famine étoit, il y a un an, sans que nous nous en doutions, suspendu sur nos têtes. Le Roi & son Ministre des Finances l'ont écarté, & nous n'éprouverons que de légères privations dont ce Souverain veut donner l'exemple, & qu'il veut que tous les ordres de l'Etat partagent.

Dans le Mémoire instructif remis de sa part par M. Necker au Comité des Subsistances de l'Assemblée Nationale, on lit cette phrase sur laquelle on ne peut pas trop méditer : *Les alarmes de cette année serviront sans doute à faire sentir les inconvéniens d'un systême de liberté complète pour l'exportation des grains.* Ces alarmes ne pourroient-elles pas aussi nous porter à faire des *recherches sur les moyens de rendre l'importation de ces grains moins lente ?*

Ces *recherches* (on le verra par les Lettres qui suivent) rentrent de la manière la plus directe dans celles que j'ai faites pour perfectionner la navigation des fleuves ; & le très-petit Navire qu'on a vu arriver au milieu de Paris en 1787, après avoir été fortement éprouvé au milieu de la Manche, que j'ai appellé *Naupotame*, de la propriété qu'il a de naviguer bien en mer, & de parcourir tout chargé les rivières peu profondes, offre inconteſtablement ce moyen de rendre *l'importation des grains moins lente.*

Ces Naupotames, exécutés par rapport à la Seine, ſur les plus grandes échelles, d'après ce premier modèle, porteroient depuis 120 juſqu'à 180 tonneaux. Ils pourroient aller chercher des grains dans une navigation directe, continue, lucrative; de Paris à divers ports de l'Europe, de l'Aſie, de l'Afrique, de l'Amérique; & revenir enſuite à Paris. Ils pourroient, faiſant voile de cette ville, porter des bleds, des farines, à Nantes, à Bordeaux, à Bayonne; ou en apporter de Marſeille juſqu'au milieu de notre capitale.

Egalement utiles pour le commerce en général, ils pourroient encore, dans une navigation directe, apporter des marbres bruts ou travaillés de Carare, de Rome; des plantes rares des Indes ou de la mer du Sud, juſqu'au ſein de notre ville. Combien de fois le négociant de Paris, de Nantes, de Bordeaux, de Londres, d'Amſterdam, fatigués de la lenteur & des inconvéniens qui réſultent du tranſport des marchandiſes, fait à diverſes repriſes ſur pluſieurs bâtimens, n'ont-ils pas deſiré un ſemblable Navire! Combien de fois les ſavans ne l'ont-ils pas deſiré pour recevoir plus promptement, & ſans altération, leurs livres, leurs inſtrumens, les matières que la chymie ſoumet à ſes analyſes!

Ma première navigation de Paris au Havre a rendu deux hommes à la marine : vingt déſœuvrés jeunes & forts, me proposèrent de les emmener, & ſeroient peut-être devenus marins; & s'il partoit des Naupotames de Paris, il y a lieu de croire qu'ils transformeroient un grand nombre de ces enfans, qui n'ont du jokey que le nom, en mouſſes très-utiles à l'Etat. Les bateaux charbonniers ſont la pépinière des matelots Anglois : les Naupotames ſeroient la pépinière de ceux de notre Nation; & n'euſſent-ils principalement que cette utilité, la conſtruction devroit en être encouragée.

Tandis que l'Aſſemblée Nationale régénère la France, pourquoi les Repréſentans de la Commune de Paris ne régénéreroient-ils pas cette capitale en la faiſant redevenir maritime?

par quel contraste, ai-je dit (1), dans cette ville qui s'honore d'avoir vu autrefois ses ports recevoir des flottes, le Corps qui la représente & qui a un vaisseau dans ses armes, n'a-t-il pas dans nos ports un seul canot qui ait des voiles? par quel contraste, ajouterai-je, voyons-nous le vaisseau sur l'habit de nos légionnaires, sur ces enseignes, symbole de notre liberté, qui flottent au milieu d'eux, & ne voyons-nous dans nos ports aucun navire déployer ces armes de la ville sur son pavillon?

Les capitales des Etats libres ont presque toujours été maritimes : Tyr, Carthage, Athènes, Rhodes, Phocée, Marseille, le prouvent. Rome, à dix lieues de la mer, assise sur un fleuve peu profond, en devenant libre, devint aussi maritime : on y voyoit du Capitole flotter les enseignes de ses vaisseaux. Jettons les yeux autour de nous, & nous verrons que, excepté dans la Suisse, les capitales des États les plus libres sont maritimes.

---

(1) *Nouvelles recherches sur le Vaisseau long*, &c. Paris, année 1786 : chez les Libraires qui vendent les Nouveautés.

Depuis que les travaux des Franklin, des Washington, des la Fayette, & de tant d'hommes d'un mérite rare qui les ont secondés, ont rendu libres les États-Unis, on a vu s'agrandir & s'annoblir le commerce de Philadelphie. Si on veut donner plus d'étendue & d'activité à celui de Paris, il faut offrir un grand objet de spéculation aux négocians riches & éclairés qui habitent la capitale : il faut leur indiquer le navire qui pourroit transporter de leurs foyers les productions de nos arts, de notre industrie, dans tous les lieux de la terre, & leur rapporter les denrées ou les objets de commerce qui nous manquent ; il faut leur tracer, comme je le ferai bientôt, la forme des Naupotames.

Ces Naupotames, si on les voyoit en grand nombre orner les ports de notre ville, auroient un avantage qui se feroit particuliérement sentir quand la rigueur des saisons y fait cesser divers travaux. Qu'on jette les yeux dans l'un de ces ports sur les diligences de Rouen qui y sont ; elles ne rappellent aucune idée de la mer ; elles n'offrent aucun asyle à l'homme, à l'enfant laborieux, qui manquent d'occupation ; elles ne peuvent en délivrer la capitale qui les voit avec peine & avec la crainte que fait naître leur désespoir. Des navires à l'ancre dans le même port, présenteroient au contraire à tous les momens une ressource honnête à ceux qui demandent du travail & des salaires, & qui, s'ils n'en trouvent pas, préferent quelquefois le suicide à la mendicité.

Ces Naupotames très-multipliés sur nos fleuves, sur nos rivières, substitués à ce nombre de bateaux informes qu'on y voit, dont la navigation est si lente, si bornée, offriroient sur-tout l'espèce de travail qui convient le plus à ces ames fières, dont la plus vive douleur est de paroître dans l'infortune aux yeux de ceux qui les ont vus dans la prospérité. Un Chevalier de S. Louis travailloit à battre des pieux au Pont de Louis XVI; il fut reconnu, on ne le revit plus; il cessa de recevoir le foible salaire nécessaire peut-être pour conserver sa vie. Des Naupotames prêts à faire voile au milieu de notre ville, lui auroient offert un travail dont sa délicatesse auroit été moins blessée, & qui, lui donnant des lumières sur le commerce & sur la navigation, auroient pu en peu d'années le mettre à portée de ſoutenir ſon état avec honneur.

Les mêmes navires offriroient peut-être encore, avec un grand avantage pour la marine, une reſſource à ces hordes de pauvres que la faim rend brigands, qui, comme nous l'avons vu à Rouen & ailleurs, font trembler les plus grandes villes; ſemblables au reflux, ils reporteroient aux frontières du Royaume ces hordes qui en viennent pour dévorer, ſans les gagner, les ſubſiſtances ſouvent trop rares, deſtinées pour la capitale.

Ces Naupotames pouvant tranſporter, ſans qu'elles ſe fatiguent, les milices deſtinées à la garde de leurs grains, pouvant porter auſſi leurs ſubſiſtances, pouvant encore être baſtingués comme les vaiſſeaux, & porter de petits canons ſur leurs ponts; ces Naupotames enfin étant des eſpèces d'îles au milieu de la rivière, difficiles à aborder, on voit combien les hommes deſtinés à la garde des grains qu'ils tranſporteroient ſeroient en petit nombre, par rapport aux eſcortes qui accompagnent les convois de ces grains par terre, & combien par conséquent dans ces Naupotames la dépense pour le transport des bleds, des farines, seroit moindre : & toujours prêts au besoin à aller chercher chez l'Etranger les denrées qui nous manqueroient, ils le seroient encore à y porter nos armes dans les circonstances où nous nous sommes trouvés dans l'année 1779. Ajoutons que nos bateaux ne pouvant être construits que des bois situés sur nos rivières, ils épuisent nos forêts, au lieu que les Naupotames qu'on leur substitueroit, pourroient venir du Nord & des parties septentrionales de l'Amérique.

Un acte de bienfaisance de Louis XVI, je l'ai dit ailleurs (1), un hospice offert près de la capitale aux marins qui ont versé leur sang pour l'Etat, faciliteroit, accéléreroit le projet de la rendre maritime : cet hospice est bâti. Les Anglois ont consacré sur la Tamise près de Londres, un superbe asyle à leurs matelots vieillis dans le service : consacrons au même usage l'Ecole Militaire dont on veut changer

(1) *Navires des Anciens*, Epître au navigateurs.

la destination. Que cet établissement, formé par le Restaurateur de la Liberté de la Nation, soit le noble pendant de celui qu'on doit à Louis XIV, & le fasse bénir de même! Qu'il le voie chaque jour; que chaque jour il voie, comme George III, de son Palais, flotter sur la rivière qui en baigne les murs, les pavillons d'une multitude de navires, d'yachts, de canots : spectacle enchanteur, & que jamais Versailles n'auroit pu lui donner!

PREMIÈRE LETTRE.

DES moyens de perfectionner la Navigation des Fleuves en général.

MONSIEUR,

Vos profondes connnoiſſances dans la phyſique & dans les arts, le génie également ſimple & ſublime qui vous en a fait tirer des réſultats ſi nouveaux & ſi utiles, & l'intérêt que vous continuez de prendre à mes recherches ſur la marine, m'enhardiſſent à vous ſoumettre diverſes obſervations ſur cette ſcience.

Liſez, je vous prie, mes Lettres avec indulgence; je ne les écris pas à bord d'un vaiſſeau au milieu de l'Océan, comme vous avez écrit celle que vous m'avez fait l'honneur de m'adreſſer (1), mais dans une ville où on ne voit point de navires.

(1) Cette Lettre a été écrite en mer, à bord du vaiſſeau le London, commandé par le Capitaine

En parcourant l'hiſtoire des arts, on voit que nous devons quelques-unes des machines ou des inſtrumens qui nous ſont le plus utiles, à des hommes très-célèbres. C'eſt Paſcal qui a imaginé le haquet qui ſert au tranſport de nos boiſſons. Huguens, ce géomètre, cet aſtronome fameux, ce précurſeur de Newton, a le premier appliqué le pendule aux horloges : & nous vous devons le paratonnerre qui garantit nos maiſons de la foudre. Ces machines ou ces inſtrumens ont été créés & perfectionnés par un ſeul génie. Le vaiſſeau eſt l'ouvrage de l'homme : Archimède contribua à le perfectionner en lui donnant trois mâts : vous y contribuerez, Monſieur, par les vues auſſi neuves qu'utiles que contient votre Lettre.

Truxton, au mois d'Août 1785 : elle eſt imprimée en anglois dans les Mémoires de le Société Philoſophique Américaine, & dans le Journal de Phyſique 1787, Septembre, Octobre & Novembre. On trouve ma première Lettre imprimée dans le même Journal, tome XXXII. Paris, 1788, Mars. La ſeconde & la troiſième, mois d'Avril & mois d'Août de la même année.

Bientôt

Bientôt le constructeur de navire fera plus d'attention à la résistance que les voiles éprouvent en se mouvant à travers l'air. Il ajoutera sous les cables, des rouleaux, pour faciliter la manœuvre des navires à l'ancre. Le navigateur retardera les mouvemens défavorables que les flots & les vents impriment à son vaisseau au milieu des mers les plus profondes. Il le préservera de divers accidens qui en entraîneroient la perte. Il reconnoîtra quand un courant l'écarte de sa route; & le plus favorisé des biens de la fortune, en prenant pour son voyage les précautions pleines de sagesse & d'humanité que vous lui prescrivez, conservera & la santé & quelquefois la vie des passagers peu riches qui auront le bonheur d'être embarqués avec lui.

Le moyen le plus général, le plus prompt, le moins dispendieux de perfectionner la navigation des fleuves, est, je l'imagine, de faire des navires, qui, après avoir parcouru jusqu'à leur embouchure ceux qui sont les moins profonds, les rivières les plus embarrassées de ponts, de bacs, puissent faire en mer de plus ou moins grands trajets; qui, descendus par exemple de Paris au Havre, puiſſent aller à Londres, à Philadelphie, & revenir de ces villes à Paris.

Des navires de cette eſpèce, qui augmenteroient, qui rendroient plus promptes, plus ſûres, les communications des parties d'un grand Etat ou de divers Etats entre eux, feroient certainement utiles; & nous n'en avons pas. La plupart des vaiſſeaux employés par les Nations maritimes, s'enfoncent conſidérablement dans la mer, afin qu'ils aient une grande capacité, qu'ils portent de grandes voiles, & dérivent moins dans les routes du plus près. Comme ils ne ſont preſque jamais mus que par le vent, ils ont de grands mâts, des voiles & des vergues grandes & élevées; de ſorte que la forme d'un navire de cinquante à ſoixante tonneaux, par exemple, eſt telle que ſon poids ſeul, lorſqu'il n'a ni ſon leſt, ni ſon chargement, le feroit enfoncer dans l'eau plus qu'un grand nombre de fleuves & de rivières n'ont de profondeur dans pluſieurs parties de leur lit.

Occupés de la forme qu'il faut donner aux vaiſſeaux deſtinés principalement à traverſer l'Océan, nos Ingénieurs de marine ſemblent ne s'être pas aſſez appliqués à faire des bâtimens qui, très-propres en général à naviguer ſur les fleuves, puiſſent encore parcourir divers eſpaces en mer; & ce ſeroit vainement qu'on chercheroit dans la marine moderne le modèle de ce bâtiment le plus propre à aller de Paris à Londres, à Philadelphie.

Les navires des Anciens réuniſſoient ces deux propriétés : on le voit par le combat des vaiſſeaux décrit dans l'Iliade : on le voit également par une action qu'eurent les Grecs au port de Pile pendant la guerre du Péloponnèſe (1). Les Lacédémoniens, battus par la flotte d'Athènes, ayant abandonné leurs galères pour ſe refugier à terre, comme ils virent que les Athéniens vouloient s'en emparer, ils rentrèrent dans l'eau, ils les ſaiſirent & les défendirent avec tant de courage, que leurs ennemis ne purent venir à bout de leur deſſein.

Céſar, dans ſes Commentaires, parlant de ſa

(1) *Voyez* ce que j'en ai écrit, *Mémoires de Littérature*, tome XXXVIII, page 579.

première expédition dans la Grande-Bretagne, dit que ce qui nuisit le plus au débarquement de ses troupes, fut la grandeur de ses vaisseaux; & cependant dans cette expédition, on voit l'enseigne de la dixième légion s'élancer de son navire dans la mer, marcher entouré des flots à l'ennemi, & déterminer les Romains par son exemple à le suivre. J'ai vu à S. Malo, dans la dernière guerre, nos navires destinés à une semblable expédition; il n'y en avoit aucun qui eût permis à nos soldats la même audace, parce qu'ils s'enfonçoient tous dans l'eau plus que la hauteur d'un homme. On ne voit point les galères, *nos pentères modernes*, remonter jusqu'à Rome : Paul Emile y remonta avec la magnifique *Decaexere* de Persée. Dans les ports que les Russes ont à Cherson, sur la mer Noire, on ne trouveroit pas, je le présume, un bâtiment qui, mettant à la voile, allât jusqu'à la première cataracte du Nil. Un navire des Anciens faisoit cet immense trajet. Partant des Palus-Méotides il traversoit dans une navigation continue la mer Noire, celle de Marmora, l'Archipel; il cingloit dans la Méditerranée jusqu'à l'embouchure du Nil, remontoit ce fleuve, & arrivoit en Ethiopie en moins de vingt-cinq jours de navigation.

Cette propriété des navires des Anciens résultoit principalement de ce qu'étant plats par-dessous, ils tiroient peu d'eau. Deux espèces de bâtimens, qui se rapprochent à plusieurs égards de ceux des Anciens, l'un employé par les François, l'autre, dont les Anglois font beaucoup d'usage, semblent nous mettre sur la voie pour composer le vaisseau le plus propre à naviguer également bien en mer & sur les fleuves. L'un est la Bélandre, bâtiment avec lequel les Dunkerquois traversent la Manche dans tous les sens, remontent les rivières & viennent souvent à Rouen. L'autre un petit bâtiment dont on fait usage en Angleterre sur la rivière de Mersey.

Voici le voyage aussi hardi qu'intéressant que fit le dernier. Vous ne douterez pas, Monsieur, de la vérité de ce voyage, lorsque vous saurez que j'en dois le récit à M. K***, cet Anglois qui souscrivit ainsi que vous pour les épreuves des voiles latines que je fis en

1785, & que vous receviez avec tant d'amitié & de sécurité, pendant que vos Nations se faisoient une guerre si cruelle.

En 1753, un bâtiment plat au fond (en anglois, *à flat*) *& ponté, de quarante tonneaux, qui transportoit des marchandises de Liverpool à Manchester, sur la rivière de Mersey, partit de Liverpool avec huit hommes d'équipage pour la côte des Nègres. Il y échangea sa cargaison pour trente-cinq de ces êtres opprimés, les transporta à l'île d'Antigoa & revint à Liverpool avec une cargaison des productions de cette île sans le moindre accident.*

Qu'on perfectionne la Bélandre, le bateau de Mersey; qu'on projette beaucoup leur voilure à l'avant & à l'arrière pour en diminuer l'élévation, le poids, le moment, sans en diminuer la surface; qu'on en dispose les mâts de façon qu'ils puissent s'abaisser, se relever promptement, facilement, pour le passage des ponts : alors ces bâtimens, qui pourront faire de grands trajets en mer, seront encore propres pour la navigation des fleuves.

On pourroit appeller ces bâtimens *Vaisseaux longs*, parce qu'ils auroient la forme & la ſtructure de ces navires impériſſables des Anciens ; *Diligences marines*, de la célérité de leurs voyages ; ou *Naupotames*, *vaiſſeaux des fleuves*, de la propriété particulière qu'ils auroient d'y naviguer comme en mer. Je les déſignerai par ces divers noms, mais le plus ſouvent par le dernier, parce qu'il eſt le plus court.

Avant de terminer cette Lettre, je crois devoir indiquer en quoi les navires des Anciens ou les Naupotames, diffèrent eſſentiellement de nos vaiſſeaux ordinaires. Si à cauſe de la forme ronde de ces derniers par-deſſous, & de leur forte rentrée, leur type eſt en quelque ſorte le tonneau qui ſurnage & roule ſur les flots, celui du Vaiſſeau long ou du Naupotame, eſt la planche qui flotte & ne tourne jamais dans la mer la plus agitée. J'expliquerai dans la Lettre qui ſuit, les avantages qu'auroit cette dernière forme ſur la première, pour les navires deſtinés à remonter juſqu'à Paris.

Différentes cauſes, Monſieur, m'ont fait différer plus que je ne l'aurois deſiré, à vous adreſſer celle-ci, & à vous témoigner la vive reconnoiſſance que j'ai des marques publiques que vous me donnez dans la vôtre de l'intérêt que vous prenez à mes recherches, & qui peut tant influer ſur l'attention qu'on y donnera ; & je ne vous dois pas moins de remercîmens pour l'extrême honnêteté avec laquelle vous avez bien voulu me les donner. Quand vous aviez tant & de ſi grandes affaires, m'écrire au milieu des mers ; à peine arrivé dans votre patrie, lire la Lettre que vous m'adreſſez à la Société Philoſophique Américaine, me faire inſcrire au nombre de ſes Membres, faire imprimer votre Lettre dans ſes Mémoires, & me l'envoyer après quelques mois ſeulement écoulés depuis votre départ d'Europe : voilà des traits d'intérêt, de bonté, qui reſteront gravés dans mon cœur auſſi longtems qu'il conſervera quelque mouvement.

Je ſuis avec reſpect, *&c.*

SECONDE LETTRE.

DES proportions, de la ſtructure & de la voilure qu'on devroit préférer pour les Naupotames.

MONSIEUR,

UN vaiſſeau marchand, tel que celui dont on voit deux coupes, l'une figure 1, l'autre figure 2, court comme ils le ſont tous en général, qui a dix-neuf pieds de largeur ou de bau, n'en a ſouvent pas plus de cinquante-ſept à la flottaiſon. Il en a dix de creux, tire huit pieds d'eau, & porte de cent quarante à cent ſoixante tonneaux. On peut le regarder comme le plus grand de ceux qui remontent juſqu'à Rouen avec toute leur charge, quand la Seine a le moins de profondeur.

Un Naupotame ſemblable à celui dont j'ai de même repréſenté deux coupes, l'une figure 3, l'autre figure 4, qui n'auroit que 17 pieds de largeur, huit & demi de creux, mais de quatre-vingt-cinq à quatre-vingt-dix pieds de longueur, pourroit ne pas tirer plus d'eau que la Diligence de Rouen, ſix pieds & quelques pouces, & porter cependant à-peu-près le même nombre de tonneaux que le vaiſſeau marchand; mais ils différeroient en ceci : le premier, en allant à Philadelphie, à la Martinique, & en en revenant, ne pourroit commencer & terminer ſon voyage qu'à Rouen; le ſecond le commenceroit & le termineroit à Paris.

Quand vous deſiriez de trouver un bâtiment commode qui vous deſcendît juſqu'à Rouen, avec quel plaiſir n'auriez-vous pas vu ſous vos fenêtres à Paſſy, celui qui vous auroit tranſporté directement dans votre Patrie ! avec quel intérêt les habitans de cette ville ne l'auroient-ils pas vu ! Votre ami lui eût adreſſé quelques vers qu'Horace adreſſe au vaiſſeau qui portoit Virgile à Athènes; & nos regrets, en le voyant deſcendre la Seine, n'auroient pas été moins grands que la joie de vos compatriotes en le voyant remonter la Delaware.

Ce bâtiment, qui auroit de quatre-vingt-cinq à quatre-vingt-dix pieds de longueur à la flottaison, feroit, felon moi, le plus grand Naupotame qui remonteroit jufqu'à Paris avec toute fa charge. Celui qui, trop petit pour faire des voyages lucratifs, & confidéré feulement comme un yacht, borneroit fa navigation aux trajets de notre capitale à Londres, & de Londres à notre capitale, pourroit n'en avoir que 36; & entre ces deux termes on pourroit en faire de toutes les grandeurs poffibles. Enfin on pourroit encore faire des Naupotames de plus de quatre-vingt-dix pieds de long, qui, lorfque la Seine a beaucoup de profondeur, pourroient aller de notre ville aux grandes Indes, & en revenir avec tout leur fret. Après avoir indiqué les proportions générales que devroient avoir les Naupotames, je vais dire un mot de leur ftructure.

Perfuadé que fi nous pouvons nous glorifier de diverfes inventions dont les Anciens n'avoient nulle connoiffance, nous avons auffi perdu plufieurs de leurs pratiques dans les arts qu'il auroit été utile de conferver; je fis partager en 1785 la cale d'un yacht que je fis construire, en plusieurs cases, comme l'étoit celle du Vaisseau long des Anciens; & je fis partager de même, mais seulement en trois cases, le Naupotame exécuté à Rouen deux ans après. En éprouvant ces deux petits bâtimens, je me suis convaincu, non-seulement qu'elles préserveroient les navires qui en auroient de divers dangers, mais même qu'en les réduisant à un aussi petit nombre qu'elles le sont dans le Naupotame, & comme on le voit figure 4, elles ne nuiroient en rien à l'arrangement du fret, & qu'elles n'augmenteroient point, ou qu'elles n'augmenteroient que de peu la dépense, parce que la case du milieu seroit destinée pour les marchandises, & les autres cases pour le logement du Capitaine, de l'équipage, & pour serrer les rechanges du grément. La forme très-alongée & presque parallélipipede des Naupotames, leur peu de largeur, leur peu de creux, la grandeur très-bornée des plus grands, tout semble favoriser particuliérement l'établissement des cases dans ces sortes de bâtimens.

Ces cases auroient un avantage inappréciable dans ceux de ces bâtimens qui seroient destinés au tranſport des grains, ce ſeroit de les mieux préſerver d'être mouillés par l'eau de la mer : malheur quelquefois funeſte dans les tems de diſette, où on ne peut ſe réſoudre à rien perdre de ſes grains alors ſi précieux.

Occupé, vous le ſavez, Monſieur, preſque uniquement, depuis mon retour de la Grèce, de recherches ſur la marine, ce fut en 1782 que je parvins, après divers eſſais, à donner aux voiles latines corrigées, la forme que je crois la plus avantageuſe pour les ſubſtituer à celles des vaiſſeaux. On voit la manière dont je les arrangeai alors ſur un canot, figure 5 ; & la figure 6 montre le yacht que je fis faire en 1785, gréé avec de ſemblables voiles. On peut voir dans deux de mes Ouvrages (1), avec quel ſuccès les épreuves en furent faites. Ces épreuves ayant été répetées, comme on le verra bientôt, d'une manière bien plus authentique & bien plus déciſive, je me bornerai à dire ici un mot de la nature de ces voiles, & de la manière dont elles ſont établies.

---

(1) *Navires des Anciens, pag. 81, Nouvelles recherches ſur le Vaiſſeau long, &c.*

La figure A repréſente une voile latine ordinaire ; les figures B, C, D, E, indiquent les divers changemens que j'y ai faits relativement aux différentes parties de la longueur du vaiſſeau ou de ſa hauteur, où elles ſont établies.

Les voiles latines ont leurs vergues au haut de leurs voiles, & ces vergues ſont d'une grandeur démeſurée ; j'ai deſcendu, dans les nouvelles voiles latines, comme on le voit, ces vergues au bas des voiles, & les ai faites bien plus petites. L'axe de révolution des voiles latines les partage en deux parties inégales ; l'axe de révolution des voiles capitales dans la nouvelle voilure, de la grande voile de la miſaine, du perroquet, du foc, les partage toujours d'une manière bien plus avantageuſe, & en deux parties parfaitement égales. On ne peut établir que trois voiles latines ordinaires ſur les plus grands bâtimens qui ont cette ſorte de grément : on pourroit, ſur ces mêmes bâtimens, établir toujours dix voiles latines perfectionnées. On n'oriente qu'avec beaucoup de peine & de danger, même ſur la Méditerranée, les voiles latines ordinaires quand on change de route; on orienteroit dans le même cas promptement, & avec une extrême facilité, les voiles latines perfectionnées, même en naviguant sur les mers orageuses de l'Océan.

J'appelle & j'appellerai toujours dans cette voilure, *grande voile* celle qui est à l'avant du mât d'artimon, *voile d'artimon* celle qui est à l'arrière de ce mât; *misaine* celle qui est à l'avant du mât de ce nom; *petit hunier* celle qui est à l'arrière de ce dernier mât; *grand hunier* celle qui est à l'arrière du grand mât; *foc* celle qui est à l'extrémité du beaupré; *perroquet de misaine* la voile qu'on voit figure 5 au haut de ce mât; & *grand perroquet* & *perroquet d'artimon* celles qu'on voit au haut de ces mâts, figure 11. La figure F indique la manière dont les vergues des voiles sont établies dans cette voilure (1).

Je suis, Monsieur, &c.

---

(1) Toutes les voiles basses, dans cette voilure, ont leur côté au vent sur des drailles, & s'amènent sur leurs vergues ou au bas de leurs vergues; quant aux voiles de perroquets, elles peuvent se carguer

en haut ou s'amener ſur le pont avec leurs vergues.

La figure F indique, comme je l'ai dit, la manière dont les vergues des voiles ſont établies dans cette voilure. J'appelle *ſtyls* les bois quarrés ou ronds qui deſcendent plus ou moins bas dans un navire gréé de cette ſorte, & ſont terminés en haut par des pivots. Les vergues ſont percées & reçoivent ces pivots dans leurs trous. Le bout de chaque pivot porte contre une eſpèce de coq de fer, établi ſur chaque vergue au-deſſus du pivot du *ſtyl.* J'établis auſſi de ſemblables pivots ſur le beaupré pour les voiles de la proue. Les vergues ſont retenues ſur leurs pivots par un cordage que j'appelle *contre-driſſe*, parce qu'il tire continuellement la vergue en en-bas quand il eſt arrêté & tendu. Il eſt toujours fixé très-près de ſon axe de révolution.

TROISIEME

TROISIÈME LETTRE.

Du premier Naupotame qui ait été construit, & des épreuves qui en ont été faites en 1787 pendant l'équinoxe d'automne, au milieu de la Manche & en remontant la Seine depuis son embouchure jusqu'à Paris.

MONSIEUR,

LA Lettre que vous m'avez fait l'honneur de m'écrire sur la Marine, a eu l'effet qu'elle devoit avoir. D'après l'opinion avantageuse que vous avez bien voulu donner de mes recherches sur cette science, j'ai été puissamment encouragé à les suivre. J'ai fait exécuter en 1787, à Rouen, le Naupotame que j'ai décrit dans la première Lettre que je vous ai adressée : je vais dans celle-ci rendre compte des épreuves qui en ont été faites.

Si je suis sensible à l'honneur d'inscrire le nom du Roi, & celui de quelques personnes d'un haut rang, dans la liſte des Souſcripteurs qui ont bien voulu s'unir avec moi pour faire exécuter ce navire, je ne le ſuis pas moins au plaiſir d'y ajouter ceux que l'amitié ou la reconnoiſſance me font un devoir d'y placer.

Ces Souſcripteurs ſont Louis XVI, M. l'Archevêque de Sens, M. le Duc d'Harcourt, M. le Comte d'Angivillers, M. de Joubert, tréſorier des Etats de Languedoc, un Anglois de vos amis, M. K***, M. Peronnet, M. Mignoneau, M. de Beaumarchais, M. Moreau, ancien architecte de la Ville, M. Gudin de la Brenellerie, MM. Guérins, négocians, l'un à Rochefort, l'autre à Paris, M. Deſtouches, greffier de l'Amirauté à Dunkerque, & mon frère de l'Académie des Sciences.

Mon Naupotame a environ trente-ſix pieds de longueur à la flottaiſon, huit de largeur (ou de bau) & quatre de creux. Il porte de treize à quatorze tonneaux, & ne tire, tout chargé, que trois pieds d'eau. Vous voyez, Monſieur, qu'il n'a de longueur que quatre fois & demie ſa largeur, & qu'il eſt d'une proportion moins alongée que celle que j'ai indiquée dans ma première Lettre. Son extrême petitesse autorisoit ce changement, & je le dois à M. Thibeau, qui l'a construit.

Il a six voiles qu'on voit orientées pour aller au plus près, figure 7. Sa cale est partagée en cases comme l'étoit celle du Vaisseau long des Anciens; mais il a seulement trois de ces cases, une au milieu qui est fort grande, & deux petites aux extrémités.

Divers projets que j'avois formés pour éprouver le Naupotame en mer, étant devenus impraticables, puisque descendu de Rouen à l'embouchure de la Seine, il étoit encore à la rade du Havre le 14 Septembre, dans un tems où on avoit tout lieu de craindre les vents de l'équinoxe; je présumai que je ne pourrois avant l'hiver aller avec mon navire à Londres, revenir ensuite à l'embouchure de la Seine, & remonter cette rivière jusqu'à Paris. Je crus donc devoir me borner à prouver par des épreuves très-décisives, qu'il naviguoit bien en mer & sur les fleuves. Je vais, dans deux articles différens, vous rendre compte de ces épreuves.

ARTICLE PREMIER.

DES épreuves qui ont été faites du Naupotame en mer.

JE me rendis ſur le Naupotame le 14 Septembre, à cinq heures du ſoir, en ſortant de chez M. Miſtral, qui remplit avec tant de juſtice, de lumières & d'affabilité, la place très-diſtinguée qu'il occupe dans la Marine. Arrivé à bord, je dis au capitaine de mon navire de ſe préparer à lever l'ancre au commençement de la nuit, pour aller l'éprouver vers le milieu de la Manche.

J'avois préféré de partir au commencement de la nuit, afin que l'employant toute entière à m'avancer vers le milieu de la Manche, j'euſſe, lorſque mes épreuves ſeroient terminées, un jour entier pour me rendre à Cherbourg, où le vent & ma curioſité me portoient, ou ailleurs ſi la direction du vent venoit à changer.

Nous levâmes l'ancre à dix heures, & appareillâmes toutes les voiles. Les vents étoient de la partie de l'eſt-ſud-ſud-eſt, petit air. Nous dirigeâmes notre route vers Cherbourg, mais en nous avançant cependant auſſi promptement qu'il étoit poſſible vers le milieu de la Manche. A ſept heures du matin, le 15, nous perdîmes toutes les terres de vue, & continuâmes ſans changer de route juſqu'à neuf. Comme le vent étoit foible alors & la mer houleuſe, & que nous étions aſſez avancés vers le milieu de la Manche, je jugeai que le lieu & les circonſtances étoient favorables pour éprouver le Naupotame & ſa voilure.

Nous orientâmes d'abord les ſix voiles de notre navire pour aller au plus près ſur un bord & ſur l'autre ; & nous obſervâmes qu'il portoit à cinq airs de vent, que la dérive étoit de 18 degrés, & qu'il viroit vent devant avec la plus grande facilité.

Nous mîmes auſſi le Naupotame à la cape ſous différentes voiles ; nous le mîmes en travers, bas-bord au vent, ſous la miſaine, la grande voile & l'artimon, & nous changeâmes la ſituation de quelques parties du leſt pour chercher la marche de ce bâtiment.

Ces épreuves faites, nous dirigeâmes notre route vers Cherbourg, & à quatre heures du soir nous étions déjà assez près de Barfleur. Nous faisions route pour en doubler le cap, & nous étions à une lieue seulement de la tour qu'on a élevée pour servir de fanal aux vaisseaux, lorsque nous vîmes se former derrière cette tour, un nuage épais, & le tems devenir très-noir dans toute la partie de l'ouest. Peu après nous essuyâmes un grain assez fort, & qui nous donna un peu de pluie. Nous tentâmes, mais vainement, de continuer notre route, parce que nous étions repoussés par le flot très-violent & dangereux, en tout tems, qui venoit de Barfleur.

A sept heures quinze minutes, les vents, par grains, & accompagnés de pluie, passèrent au sud-ouest, & je vis alors avec douleur l'impossibilité où nous étions d'aller à Cherbourg. Comme l'objet principal de mon voyage en mer étoit rempli, que je présumai que nous aurions souvent l'occasion de répéter par un tems d'orage, les épreuves que nous avions faites de notre voilure par un tems doux, & que le vent & la mer favorisoient mon retour, je fis virer de bord, & diriger la route du Naupotame vers le Havre.

Le vent qui souffloit étant grand & du sud-ouest, nous amenâmes deux de nos voiles, & marchions avec la misaine, la grande voile, le petit hunier & la voile d'étai. Avec cette voilure, mon très-petit navire tenoit tête aux flots comme un bâtiment fait pour traverser l'Océan. Il s'élevoit sur la lame, étoit mâle à la mer, & se maranguoit si bien, comme disent les marins, ou se prêtoit si bien à tous les mouvemens qu'il recevoit des vagues, que nous n'avons eu aucun coup de mer à bord, quoiqu'elle fût assez grosse.

Pendant la nuit du 15 au 16, le vent augmenta, la mer devint plus grosse, & nous obligea de prendre un ris à la voile d'étai. Le 16 à six heures du matin, il passa sur nous un grain très-fort qui nous força de supprimer tout-à-fait cette voile; le navire n'en souffrit pas, & se comportoit toujours bien avec les trois autres voiles qui lui restoient.

A une heure & demie, nous apperçûmes les terres de basse-Normandie & celles de

Caux; nous les perdîmes bientôt après entièrement de vue, & les grains qui tomboient ſans ceſſe nous les dérobèrent juſqu'à trois heures, qu'étant à environ une demi-lieue du cap de la Heve, le tems s'éclaircit, ſe calma, & nous permit de voir ce cap : nous craignîmes fort de ne pouvoir le doubler.

Comme nous attendions nos ſix voiles dehors, avec trop de ſécurité, le retour de la marée qui devoit nous favoriſer pour doubler ce cap; que des quatre hommes qui compoſoient l'équipage, il n'y en avoit que deux ſur le pont; il vint fondre ſur nous tout-à-coup un grain dont la violence fut annoncée par le tonnerre & une pluie d'orage; il fit incliner tellement le navire, que nous ne pûmes nous défendre de quelque crainte. Heureuſement on amena dans un inſtant la voile d'étai, & l'équipage profitant d'une propriété qui eſt particulière à ma voilure, mit les cinq autres voiles dans le lit du vent, & rendit ainſi dans un moment ſon action nulle. Il cargua enſuite quatre des voiles du Naupotame à loiſir, & ne conſerva que la miſaine & le grand hunier.

Pendant qu'on exécutoit ces manœuvres, nous avions le cap au nord, ce qui nous éloignoit de la rade; pour nous en rapprocher nous virâmes de bord. Nous reconnûmes alors avec bien de la satisfaction combien la nouvelle voilure étoit favorable pour faire cette manœuvre ; car nous la fîmes avec les deux seules voiles que nous avions conservées, la grande voile qui est au-devant du grand mât, & la misaine qui est à l'avant du mât qui porte le même nom. Quand le grain fut passé, nous mîmes la chaloupe à la mer, nous donnâmes à six heures & demie dans la rade, & nous mouillâmes.

En débarquant je fus exposé à un danger de la nature de celui qui nous a fait perdre de si braves officiers dans l'expédition de M. de la Peyrouse. La chaloupe dans laquelle j'étois étoit très-légère; deux hommes seuls y étoient embarqués avec moi : en approchant de l'entrée du port, la marée descendante avoit un cours si rapide près de la jettée, qu'il pensa nous entraîner à la mer : nous fîmes un assez grand circuit, & nous arrivâmes.

Je n'avois laiſſé ſur le Naupotame dans la rade, que le capitaine & le ſecond ; ils y ſouffrirent beaucoup, pendant la nuit, des coups de mer qui baignèrent le pont ; & quoiqu'on offrît de ma part, aſſez d'argent aux pilotes du Havre pour aller les ſecourir, & amener le bâtiment dans un lieu plus ſûr, ils jugèrent le danger trop grand pour l'entreprendre. Ils n'y allèrent que le lendemain vers les onze heures du matin. L'intérêt qu'avoit inſpiré un ſi petit bâtiment, ſeul au milieu de la rade & par un ſi mauvais tems, ainſi que ſa voilure particulière, attirèrent ſur la jettée un très-grand nombre de perſonnes pour le voir entrer dans le port.

Les deux jours entiers & les deux nuits que le Naupotame avoit paſſés à la mer, m'ayant mis à portée, comme on l'a vu, de faire les épreuves les plus complètes du corps du bâtiment & de ſa voilure, je deſirai qu'elles fuſſent conſtatées, & pour cela je chargeai les gens de mon équipage de les décrire avec la plus exacte vérité. Je ne voulus pas même me charger de la rédaction. J'ai enſuite prié M. Miſtral de vouloir bien recevoir le procès-verbal de leurs mains, de le conſerver & de m'en envoyer copie certifiée. On en trouvera l'extrait dans les notes qui terminent cette Lettre.

ARTICLE SECOND.

DES épreuves qui ont été faites du Naupotame ſur la Seine; &, premiérement, de ſa navigation du Havre à Rouen.

LA navigation du Havre à Rouen ne préſente, par rapport au Naupotame, ni les difficultés qu'il peut éprouver en haute mer, ni celles qu'il peut éprouver au paſſage des ponts : elle en a d'une autre nature qui ſont aſſez grandes. L'embouchure de la Seine, depuis Quillebeuf juſqu'à Honfleur, eſt remplie de bancs, & de bancs d'autant plus dangereux, qu'ils changent de ſituation preſqu'à chaque marée. En 1785 je vis près de Quillebeuf les mâts d'un navire qui avoit péri ſur ces bancs. Dans le voyage dont je parle, j'ai vu avec douleur deux navires qui y étoient échoués, & dont l'un paroiſſoit ſi maltraité que les pompes ſembloient n'en pouvoir épuiſer l'eau : ce qui nous fit craindre qu'il ne fût bientôt submergé par les flots.

Ces bancs, quand les marées sont basses, augmentent encore les dangers que courent les vaisseaux, & ils opposent alors aux plus grands, une barrière qu'ils ne peuvent franchir : ils la franchiroient si, rapprochés par leur forme comme par leur voilure du Naupotame, ils tiroient moins d'eau & qu'ils virassent de bord aussi promptement, aussi facilement, que cette nouvelle espèce de navire, & que l'exigent les sinuosités qui séparent ces bancs mobiles.

Nous avons été à portée de reconnoître, en venant du Havre à Rouen, les avantages qu'avoit le Naupotame, par sa petitesse comme par sa forme, sur les autres vaisseaux. Le vent, quand nous partîmes, étant d'abord favorable pour venir à Rouen, nous sortîmes les premiers du port du Havre ; & à l'aide de deux bateaux lamaneurs, nous gagnâmes un mouillage à Saint-Jacques, & parvînmes ensuite jusqu'à Villequier. Les autres vaisseaux qui sortirent le même jour du Havre, & après nous, ne profitant pas autant que nous l'avions fait, d'une marée favorable, furent contraints d'y rentrer.

Nous avons laiſſé derrière nous à Quillebeuf, le vaiſſeau appellé *le Marquis d'Eſtampes*, qui étoit parti du Havre deux jours avant nous. Et en général un Naupotame d'une médiocre grandeur dans ces parages, à l'aide de quelques hommes qui le remorqueroient en ramant, pourroit franchir quelques eſpaces de ſa route que les autres vaiſſeaux ne pourroient franchir qu'avec le vent favorable qui ſe fait ſouvent attendre très-long-tems. Conſidéré ſous ce rapport, le Naupotame ayant un ſillage moins rapide peut-être dans quelques circonſtances que les meilleurs voiliers, pourroit, dans divers voyages, avoir l'avantage ſur eux.

Nous ſommes partis du Havre le Vendredi 21 Septembre à midi, & arrivés à Rouen le Lundi 24 à deux heures du matin, & certainement bien plus promptement que les navires qui ſont ſortis du Havre le même jour que nous pour faire la même route.

Les lamaneurs que j'ai pris à peu de diſtance du Havre, m'ont dit qu'ils deſireroient beaucoup, ainſi que les habitans de Quillebeuf, qu'on fît élever une tour au-dessous de Quillebeuf, qui servît le jour & la nuit pour se guider entre les bancs mobiles qui sont à l'embouchure de la Seine.

De la navigation du Naupotame de Rouen à Paris ; &, premiérement, des difficultés que présente en général cette navigation, & des moyens de les surmonter.

L'UNE des plus grandes difficultés que les navires qui ont remonté de Rouen à Paris ont éprouvées, est l'obstacle si souvent répété que les ponts opposent à leur voilure. On a tâché de surmonter cet obstacle en supprimant & en rétablissant cette voilure de différentes manières, & sur-tout en abaissant & en relevant les mâts, ainsi qu'on le pratique dans plusieurs espèces de bâtimens : mais si ces bâtimens sont un peu grands, & du genre des gabares, des gouélettes, & même des bélandres, ils ont des mâts supérieurs, des vergues qu'il faut élever ou abaisser pour établir ou supprimer leur voilure; opérations qui demandent ou beaucoup de tems, ou beaucoup d'hommes, &

qu'un équipage peu nombreux ſe détermineroit difficilement à répéter auſſi ſouvent que l'exigeroit le nombre de ponts qu'on trouve ſur la Seine entre Rouen & Paris.

Ces difficultés connues, à Rouen, au Havre, à Dieppe, firent faire à quelques Négocians de cette dernière ville, une attention ſingulière à l'une des parties du projet propoſé par M. Paſſement (1), de rendre Paris port. Dans ce projet, M. Paſſement propoſoit de creuſer la Seine en différens endroits de ſon lit; mais il propoſoit auſſi « *de ſurmonter par des canaux* » *pratiqués au-deſſus des dix ponts qui ſont ſur* » *la Seine depuis Rouen juſqu'à Paris, l'obſtacle* » *qu'ils forment à l'arrivée des vaiſſeaux* ». Ce fut cette dernière propoſition qui frappa particuliérement des Armateurs de Dieppe. Une compagnie qu'ils formèrent offrit, dans le cas même où le ſeul ouvrage projetté à la tête des ponts ſeroit effectué, ſans creuſer le lit de la Seine, de conſtruire douze navires

(1) *Voyez* les détails de ce projet dans le précis hiſtorique de ſa vie & de ſes Ouvrages. Amſterdam, année 1778.

de cent cinquante tonneaux chacun, tirant huit pieds d'eau, avec lesquels ils iroient charger des morues en l'Islande, & les viendroient décharger en droiture à Paris par les mêmes navires. L'un d'eux, M. le Brun, dans une Lettre, ne propose de faire ces navires que de cent vingt à cent trente tonneaux, & il entre dans de plus grands détails sur leurs proportions : selon lui, ils auroient eu soixante-deux pieds de quille, dix-huit pieds de pont, huit pieds de cale, & dix pouces de vibord. On n'a pas fait les canaux à la tête des ponts; les Armateurs de Dieppe n'ont pas fait les navires, & Paris n'est rien moins qu'une ville maritime.

Le projet de M. Passement à la vérité étoit défectueux dans quelques parties. Il exigeoit des travaux qui n'étoient pas sans inconvéniens & qui auroient coûté des sommes inappréciables. Cet ingénieur vouloit rendre la Seine capable de recevoir des vaisseaux d'un certain port comme ils sont; au lieu qu'il semble plus simple, selon mes vues, de rendre les navires capables de naviguer sur la Seine comme elle est.

Les

Les navires ordinaires, à cauſe de leur voilure, ſont ſi peu propres, comme je l'ai dit, à faire cette navigation, que les armateurs de Dieppe ne s'engagèrent à faire venir ceux dont ils avoient indiqué les dimenſions, que quand les canaux projettés ſeroient ouverts. Le Naupotame au contraire, par la ſimplicité, par le peu d'élévation, par la mobilité de ſa voilure, n'éprouve aucun retard, aucun embarras dans ſa marche, au paſſage des ponts. Il n'a, comme on le voit par la figure que j'en donne, point de mâts ſupérieurs. Toutes les vergues y ſont dans une ſituation fixe & preſque ſur le pont. Jamais on ne les élève, jamais on ne les abaiſſe; ainſi la compoſition de ſa voilure rend inutile la conſtruction des canaux que M. Paſſement propoſoit d'ouvrir, comme ſa forme alongée rend également inutile de recreuſer la Seine.

Nous louâmes à Rouen deux chevaux pour tout notre voyage. Le vent nous ayant été preſque toujours contraire, nous nous en ſervîmes beaucoup ; mais nous fîmes auſſi quelque uſage de nos voiles. Etant partis le 4 Octobre à trois heures & demie du ſoir, nous nous fîmes haller juſqu'à Oiſſel, où nous couchâmes. Le 5, à onze heures & demie du matin, le vent nous étant favorable, nous mîmes dehors nos quatre voiles majeures : nous nous en ſervîmes pour paſſer un pertuis qui eſt à Marteau, où nous couchâmes, & nous en fîmes encore uſage le lendemain pour paſſer de ce lieu à la rive d'une île. Le vent étant devenu contraire, nos chevaux nous hallèrent juſqu'au Pont-de-l'Arche.

Nous employâmes vingt-cinq minutes à abattre nos mâts, manœuvre qui ne retarda en rien notre route ; car ceux qui nous firent paſſer le pont, nous retinrent plus de deux heures. Nous relevâmes ſeulement le mât de miſaine, & nous fîmes haller juſqu'au ſoir. Le lendemain 7, à neuf heures, nous relevâmes le grand mât & nous prîmes la réſolution de ne dématêr qu'au paſſage des ponts, & de relever nos mâts dès qu'ils ſeroient paſſés, afin de profiter du plus petit ſouffle de vent qui nous ſeroit favorable.

Le mercredi 9, à huit heures & demie du matin, nous mîmes nos voiles dehors pour paſſer la traverſe de Mericourt. Le 10, étant à Roni, nous les hissâmes encore, à une heure de l'après-midi, & nous nous en servîmes avec beaucoup d'avantage jusqu'à trois heures. A quatre heures nous passâmes le pont de Mantes, sans que notre marche en fût retardée d'un seul instant; car nos chevaux passèrent, sous la même arche sous laquelle le Naupotame passa aussi, sans que nous ayons été obligés de démâter. Il y avoit alors un grand nombre d'habitans sur le pont, qui virent avec plaisir ce navire, & notre mousse au haut du mât de misaine, frapper en passant avec sa main le haut de l'arche sous laquelle nous passions.

Je quittai mon navire à Mantes, pour le devancer à Paris. Il continua de naviguer de la même manière, & arriva dans cette capitale le mardi 16, à onze heures du matin.

Comme on sait qu'il y a des manœuvres possibles sur une machine qui n'est pas très-considérable, & qui ne sont pas exécutables quand elle est construite sur une bien plus grande échelle, on pourroit croire que l'opération d'abaisser & d'élever les mâts qui se fait sans peine sur mon Naupotame, ne seroit plus possible, ou seroit très-difficile sur un Naupotame aſſez grand pour faire habituellement une navigation utile ſur la Seine ; mais ſi on conſidère que ce dernier Naupotame ne pourroit guère être que double du mien, que ſes mâts n'auroient guère que quarante pieds de hauteur, qu'il auroit un équipage plus nombreux pour faire cette manœuvre d'abaiſſer & d'élever les mâts, & que les mêmes hommes employés à faire paſſer ce navire ſous un pont, lui offriroient les plus puiſſans ſecours pour relever ſes mâts ſi leur force étoit néceſſaire ; on verra que les plus grands Naupotames pourroient, excepté au paſſage des ponts, conſerver toujours leur voilure ſans que l'équipage fût fatigué & la marche du bâtiment retardée.

QUE les épreuves qui ont été faites du Naupotame ſont auſſi complètes qu'on pouvoit le deſirer.

QUOIQUE mon Naupotame ait été déclaré à Rouen par un acte authentique, & dont j'ai la copie, capable d'aller à Londres, je n'ai pas cru devoir faire ce voyage, par les raiſons que j'ai expliquées dans l'article précédent. Si je l'avois fait quelques mois plutôt, comme je me le propoſois, & dans la belle ſaiſon, les épreuves de la voilure auroient été très-vraiſemblablement bien moins complètes & bien moins déciſives : c'eſt le ſentiment des marins qui étoient embarqués avec moi; c'eſt auſſi celui des navigateurs avec leſquels je me ſuis trouvé à mon arrivée au Havre, parce qu'ils ont vu, ou ſu parfaitement, que le Naupotame avoit ſoutenu à la voile, dans la Manche, pendant plus de vingt-quatre heures, les premiers vents de l'équinoxe, & des vents ſi violens qu'ils ont fait périr (pendant que nous étions à la mer), ſur les côtes de la Grande-Bretagne, un ſprik de quatre-vingt tonneaux, commandé par le capitaine Riquienne.

Dans la nuit du 15 au 16, nous avons, par un gros tems & une groſſe mer, répété ſouvent les manœuvres les plus importantes que les vaiſſeaux faſſent à la voile. Le 16, à huit heures du matin, nous eſſuyâmes un grain aſſez fort qui nous força de nous réduire à n'avoir que trois voiles. La mer étoit d'ailleurs groſſe, le brouillard que nous traverſions épais, & tout ſembloit annoncer une tempête.

On arrangeroit difficilement des circonſtances auſſi favorables, pour éprouver fortement une voilure, que celles dans leſquelles nous nous trouvâmes au cap de la Heve, & dont j'ai parlé. Toutes les voiles du Naupotame étoient dehors. Des deux hommes ſeulement qui étoient ſur le pont, l'un étoit le mouſſe, à qui on avoit confié la barre du gouvernail, tant notre ſécurité étoit grande. Nous plaiſantions avec lui, & nous étions tous gais comme on l'eſt quand après avoir eu des craintes, on ſe voit au moment d'entrer au port, lorſque ce grain dont j'ai fait mention fondit tout-à-coup ſur nous. Voici ce que M. Deſnoyers m'a écrit dans une Lettre dont quelques perſonnes conſidérables ont connoiſſance, ſur cet inſtant critique & dangereux de notre navigation.

« *J'ajouterai* (dit-il en parlant du Naupo-
» tame) *par rapport à la voilure*, qu'il eſt im-
» poſſible d'en trouver de plus facile à ma-
» nœuvrer & avec moins de perſonnes. Dans
» les autres voilures, ſi l'on reçoit un grain
» l'on eſt obligé de carguer les voiles, ce qui
» devient quelquefois impoſſible par l'impé-

» tuosité des vents qui retiennent les voiles » à la tête des mâts, quoique leurs drisses » soient larguées. Il faut donc, pour être » maître de ces voiles, larguer les écoutes » pour soulager le navire; mais il est rare » que l'on puisse sauver les voiles, parce » qu'une voile qui est à la tête d'un mât & » qui n'est point bordée, n'est retenue que » par la vergue, & qu'elle flavie & se dé- » chire.

» Les voiles du Naupotame ne sont pas » sujettes à tous ces inconvéniens; car si on » se trouve pressé de diminuer de voiles, l'on » peut les mettre dans le lit du vent, les y » retenir autant qu'on le desire, & par ce » moyen les amener à sa volonté. C'est ce » que nous avons éprouvé quand nous avons » reçu un coup de vent à la pointe du cap de » la Heve, où nous étions bien tranquilles, » toutes nos voiles dehors. Nous les avons » amenées sans peine & sans en perdre une » seule. Un autre bâtiment se seroit trouvé » dans un grand embarras; il n'auroit pas eu » le tems d'amener aucune de ses voiles avant » d'être à la côte ».

Ce fut ſans doute ce danger que nous courûmes & que nous évitâmes ſi heureuſement par une ſuite des propriétés de ma voilure, qui fit dire, dans cette même Lettre, à M. Deſnoyers, *que s'il avoit un bâtiment à faire conſtruire, il ne voudroit pas y faire gréer d'autre voilure que celle-là*; & les accidens qu'elle nous fit éviter ſemblent indiquer que mes recherches ſur les moyens de diminuer les périls que courent les navigateurs n'ont pas été entiérement inutiles.

La force du vent pendant ce grain, nous réduiſit à ne conſerver que deux voiles; ſi elle avoit augmenté, nous aurions été dans l'impoſſibilité d'en expoſer aucune à ſon action, & par conſéquent de les éprouver. La nouvelle voilure a donc été éprouvée autant qu'elle pouvoit l'être, & comme on le verra dans le procès-verbal de l'équipage, ſans que nous ayons caſſé un fil de caret : cordage qui eſt le plus petit de ceux qu'on emploie dans les vaiſſeaux.

QUE la poſſibilité d'avoir des Naupotames qui iroient de Paris à tous les lieux de la terre où les navires ſe rendent pour le commerce, eſt prouvée par un grand nombre de faits.

DES marins très-dignes de foi, m'ont raconté à Rouen qu'ils y avoient vu arriver une gouélette de dix tonneaux qui venoit de la Jamaïque. D'après un pari que des négocians firent à Nantes, une très-grande chaloupe pontée alla de cette ville à la côte des Nègres, & y chargea quatorze négrions qu'elle tranſporta à l'Amérique : je tiens ce fait de M. Romain, Américain, connu par ſes lumières ſur nos colonies, & par le courage qu'il a montré dans des courſes contre les ennemis de l'Etat.

Vous avez vu dans ma première Lettre, Monſieur, qu'un navire de Liverpool ponté, de quarante tonneaux & dont le fond étoit plat, avoit fait un voyage à-peu-près ſemblable à celui de la chaloupe & plus conſidérable. Le fait que je vais rapporter eſt plus ſurprenant encore. Je le dois à votre ami M. K*** : en l'extrayant d'un papier de

Londres, il a conſervé la tournure angloiſe dans ſa traduction, & je la conſerverai comme lui.

Par un Monſieur qui eſt arrivé de la Chine, à bord du vaiſſeau des Indes le Sullivan, *nous apprenons que les Américains avoient envoyé ſix bâtimens à la Chine en 1786, pour échanger du rum contre du thé ; mais ils ont été obligés d'attendre que tous les vaiſſeaux des Nations européennes fuſſent chargés : ce qui a dû les faire perdre par les frais que ce retard leur a occaſionnés. Un de ces bâtimens*, le Hope de Boſton, *n'étoit que du port de cinquante tonneaux, & avoit plutôt l'air de la grande chaloupe d'un vaiſſeau de guerre, que d'un bâtiment deſtiné à traverſer l'immenſe eſpace de mer qui ſépare l'Amérique ſeptentrionale de la Chine.*

Qui doutera, d'après ces faits, d'après ce qu'on ſait que *la Victoire*, vaiſſeau de Magellan qui fit le tour du monde, n'étoit que de cent dix tonneaux, qu'on ne puiſſe faire des Naupotames de ce port & doubles du mien, qui iroient de notre capitale dans tous les lieux où les vaiſſeaux vont commercer; qui, partis de Paris, accompagneroient M. de la Peyrouſe, ſi le Roi à ſon retour lui traçoit le plan d'un ſecond voyage comme il a tracé le plan du premier ?

Ce ſeroit peut-être dans un ſemblable voyage qu'on reconnoîtroit le mieux l'utilité d'un navire qui ne tireroit pas plus d'eau que la hauteur d'un très-grand homme ; qui, diviſé en caſes, pourroit échouer ſans danger ; qui, par le peu d'élévation de ſa voilure comme par la forme de ſes voiles, ſeroit affranchi du malheur de chavirer, & qui pareroit ſi bien, comme le mien au cap de la Heve, aux changemens ſubits qui arrivent dans l'atmoſphère.

La dépenſe première & perdue que M. Paſſement propoſoit de faire au Gouvernement, pour que Paris pût recevoir des vaiſſeaux de cent vingt, de cent trente, de cent quarante tonneaux, étoit d'environ vingt millions : on eſtima qu'elle monteroit au moins à ſoixante. Dans mon projet, cette dépenſe première & perdue a été ſi peu conſidérable, qu'avec l'aide des perſonnes que j'ai nommées, qui ont bien voulu la partager, j'ai été en état de la faire : elle ne conſiſtoit qu'à exécuter & à éprouver le modèle du Naupotame que j'ai décrit dans cette Lettre.

« Rendre Paris port comme il a été autre-
» fois (dit M. le Mercier), rétablir l'ancien
» commerce maritime de cette grande ville, y
» faire aborder les vaisseaux qui viendroient
» y mouiller des quatre parties du monde, ne
» seroit-ce pas donner tout-à-coup au com-
» merce de la France la plus vigoureuse de
» toutes les impulsions ?..... Le sort de la capi-
» tale ne seroit plus incertain ; des ressources
» promptes seroient assurées à tous les régni-
» coles. La France comporte par ses richesses
» territoriales cinq à six villes maritimes du
» premier ordre, & nous en avons à peine
» trois. Tout ce qui est dépensé à Paris en
» luxe frivole, en jouissances futiles, pren-
» droit naturellement son cours vers un com-
» merce grand, généreux, qui éleveroit les
» ames & les esprits. L'agiotage disparoîtroit
» pour faire place au négoce. L'usure rougiroit
» quand elle appercevroit des moyens plus
» grands, plus lucratifs & légitimes. La tête
» du royaume figureroit mieux environnée de
» mille vaisseaux ».

On ne peut pas, je le pense, Monsieur, prouver avec plus de force que M. le Mercier le fait dans cet écrit, sous combien de rapports il seroit avantageux à notre Nation de rendre Paris port. Le Naupotame que j'ai fait exécuter & que j'ai éprouvé, applanit toutes les difficultés dont ce projet étoit hérissé. Puissé-je voir bientôt des navires plus grands de ce genre, parcourir la Seine, la Manche, l'Océan & toutes les mers ! Puissé-je bientôt en faire partir un de notre capitale pour ces États si libres, si couverts de gloire, qui vous ont chargé de les présider aussi long-tems que leur constitution pouvoit le permettre! Puissé-je enfin voir un Naupotame de Boston mouiller, comme le premier que j'ai fait, au bas de l'éperon qui porte la statue de Henri IV, ou sous les fenêtres de Louis XVI!

Je suis avec respect, &c.

EXTRAIT du procès-verbal des épreuves qui ont été faites du Naupotame en mer.

LE Samedi 15 Septembre, à huit heures cinq minutes du matin, je me suis trouvé (dit M. Desnoyers qui a rédigé le Procès-verbal) *par quarante-neuf degrés cinquante-deux minutes de latitude nord, & par trois degrés trois minutes de longitude occidentale du méridien de Paris.*

Ayant perdu la terre de vue de toutes parts, depuis près de deux heures, les vents de la partie du S. S. E. presque calmes, la mer houleuse; à neuf heures cinq minutes nous avons orienté au plus près, bas-bord amures : nous avons été trois minutes à orienter nos voiles. Etant au plus près, nous avons observé dix-huit degrés de dérive : portant à cinq airs de vent : nous faisions deux tiers de lieue à l'heure. A neuf heures vingt minutes, nous avons viré de bord & pris les amures à stribord : le navire se comportant très-bien sur tous bords, & virant très-bien vent devant, marée pour ou contre.

A neuf heures trente minutes, nous avons viré de bord & pris les amures à bas-bord : étant bas-

bord, nous avons mis en travers ſous la miſaine la grande voile & l'artimon. A neuf heures trente-deux minutes, nous avons amené toutes nos voiles & mis à la cape ſous l'artimon. A neuf heures trente-cinq minutes, nous avons amené l'artimon & mis à la cape ſous la voile d'étai, que nous préférons particuliérement, parce que toutes nos vergues peuvent ſe retirer de deſſus leurs pivots & ſe mettre ſur le pont, ce qui ſoulageroit le navire n'ayant que ſes deux mâts debout.

Comme nous avions mis le cape ſur Cherbourg, & que nous faiſions voile, à trois heures trente minutes nous avons cherché la marche du navire : dans la poſition qui lui étoit la plus favorable pour la marche, il tiroit deux pieds dix pouces de l'avant, & trois pieds deux pouces de l'arrière.

A ſept heures quinze minutes, les vents ont paſſé au ſud-oueſt par grains très-violens, nous avons viré de bord vent devant, & pris les amures à ſtribord en virant, & amené la voile d'étai & le foc. Le tems étant très-noir & toujours par grains, nous avons amené l'artimon. A huit heures trente minutes nous avons pris un ris dans la voile d'étai & l'avons miſe dehors : toujours grand vent & groſſe mer, le navire ſe comportant très-bien ſous ſes quatre voiles, qui étoient la grande voile, la miſaine, le petit hunier & la voile d'étai, un ris dedans : il tenoit tête à la mer comme un bâtiment fait pour naviguer dans toutes mers. Nous n'avons pas eu connoiſſance d'aucun coup de mer à bord, quoiqu'elle fût très-groſſe : nous dirigions notre route vers le Havre.

Le Samedi, à cinq heures cinquante minutes du ſoir, il a paſſé (ſur nous) *un grain en foudre, avec du tonnerre, tombant beaucoup de pluie mêlée de grêle. Nous avons amené nos voiles à la réſerve de la miſaine & de la grande voile. Ayant le cap au nord & faiſant grand chemin, ce qui nous éloignoit de la rade du Havre, nous avons viré de bord vent devant, n'ayant pour voiles que la grande voile* (1) *la miſaine. Il eſt à obſerver que pendant le cours de notre navigation nous n'avons pas caſſé un fil de caret.* Le Procès-verbal eſt ſigné FRANÇOIS FOINARD, *capitaine;* THOMAS DESNOYERS, *ſecond;* &

---

(1) Le nom de cette voile étoit différent dans ma première édition de ces Lettres. Ce changement & d'autres de cette nature, réſultent de la différente nomenclature que j'ai cru devoir faire de ces voiles.

LOUIS-

LOUIS-JEAN-DENIS DUVAL, fils de Capitaine. La Lettre que M. Miſtral me fit l'honneur de m'écrire, en m'envoyant à Rouen deux copies certifiées du Procès-verbal, eſt datée du Havre, le 23 Septembre 1787.

QUATRIÈME LETTRE.

De la grandeur qu'il faudroit donner au Naupotame qui feroit avec le plus d'avantage une navigation continuelle de Paris à divers ports; & des Naupotames qui iroient de cette ville à Pondichéry.

Monsieur,

J'ai prouvé dans les Lettres qui précèdent, & dans la dernière, par le fait, la possibilité d'avoir des Naupotames, & j'ai aussi indiqué quelles devoient être leurs proportions, leur structure & leur voilure. Dans celle-ci, je tenterai d'abord de déterminer la grandeur de ceux qui seroient employés avec le plus d'avantages sur la Seine.

Mon premier Naupotame, comme vous venez de le voir, a à-peu-près la proportion des gabares, ou de longueur quatre fois &

demie ſa largeur (1). En en faiſant un autre plus grand, on pourroit en rapprocher les proportions de celles des bélandres qui ſont bien plus alongées. J'en ai meſuré deux à Rouen en 1787. Elles avoient toutes les deux neuf pieds & demi de largeur ou de bau; l'une avoit cinquante-un pieds de longueur à la flottaiſon, &, comme on voit, plus de cinq fois & un tiers la longueur de ſon bau; l'autre, d'une proportion plus longue encore, avoit cinquante-quatre pieds de même à la flottaiſon, & par conſéquent de longueur plus de cinq fois & deux tiers de ſa largeur.

Il y a tant d'avantages à faire les Naupotames d'une forme alongée, que je ne balancerois pas à leur donner toujours une proportion moyenne entre celle des gabares & celle des bélandres, ou de longueur cinq fois leur largeur. A la vérité en employant les voilures qui ſont en uſage, un navire de cette propor-

(1) J'ai meſuré au Havre, en 1778, une gabare du Roi, *la Guiane.* Elle n'avoit que vingt-cinq pieds de bau, & elle en avoit cent dix de longueur à la flottaiſon.

tion éprouveroit quelque difficulté à virer de bord ; mais c'eſt un inconvénient qu'on n'auroit jamais à craindre en employant celle que j'ai imaginée, comme le prouvent le très-grand nombre d'épreuves qui en ont été faites.

Le Naupotame qui feroit, ſelon moi, la navigation la plus avantageuſe de Paris à divers ports, & de divers ports de l'Europe, de l'Aſie, de l'Afrique ou de l'Amérique à Paris, devroit avoir ſa largeur, ſon creux, ſon tirant d'eau, quand il auroit tout ſon fret, préciſément double de celui que j'ai décrit. Sa longueur feroit plus que double, & de cinq fois ſa largeur ; ainſi il auroit quatre-vingt pieds de longueur pris à la flottaiſon, ſeize de largeur ou de bau, huit de creux & ſix de tirant d'eau, comme la diligence de Rouen. Le port de mon petit Naupotame étoit de treize à quatorze tonneaux ; le dernier, bien plus grand, en porteroit cent vingt : je l'appelle *le Diligent*. Je l'ai repréſenté, figure 8, à la voile & allant au plus près. La figure 9 repréſente un Naupotame tout ſemblable, excepté qu'il a une voile de plus.

Des frais que coûteroit la navigation du Diligent, de Rouen à Paris, & de ce que rapporteroit son fret dans ce voyage.

Le Naupotame le Diligent navigueroit, ainsi que d'autres bâtimens du même port, avec avantage dans toutes les mers ; ainsi je n'examinerai pas quel seroit le produit de son fret de divers ports à Rouen, mais seulement ce que rendroit ce fret de Rouen à Paris, afin de reconnoître si cette dernière partie de la navigation du Diligent seroit lucrative ou onéreuse.

Les marchandises envoyées de Rouen à Paris par la diligence d'eau, paient, en les estimant sur un prix commun, 11 liv. le millier, ou 22 liv. le tonneau. Ainsi les cent vingt tonneaux du Diligent rendroient pour le produit du fret 2640 liv. Comparons cette recette avec la dépense que le Diligent feroit dans cette route.

Je ne dois pas le dissimuler, si les voiles des Naupotames leur sont très-utiles dans quelques occasions, elles ne les dispensent pas des frais de halage que font les simples bateaux qui n'ont point de voiles. Pour ce halage on paie ordinairement les chevaux à tant par raque. Deux chevaux composent ce que les bateliers nomment *une courbe ;* & l'espace qu'ils parcourent s'appelle *une raque.* On en compte seize de Rouen à Paris ; mais les bâtimens qui ont des voiles pouvant toujours éviter la première, je n'en compterai que quinze pour les bâtimens de cette espèce. J'ai payé une courbe 12 liv. par raque. Une courbe à chaque raque suffisoit de reste pour remonter mon premier Naupotame, quoiqu'il eût à la traîne un yacht assez grand. Ainsi, bien que le Diligent ayant sa largeur & son tirant d'eau doubles, exigeât une puissance quatre fois plus considérable pour le haler, j'estime cependant qu'on n'y emploieroit que trois courbes : elles coûteroient 36 liv. & les quinze raques feroient la somme de 540 l. somme à laquelle je crois devoir ajouter 60 liv. pour les chevaux de renfort qu'on prendroit dans les endroits où la rivière a un courant très-rapide. Ainsi j'estime que les frais faits pour le halage monteroient en tout à 600 liv.

Les gages qu'on donne aux pilotes pour les bâtimens qui remontent de Rouen à Paris sont de 50 liv. On pourroit ne conserver que trois hommes de l'équipage dans cette dernière partie de la navigation du Diligent ; & j'estime que leurs gages, leur nourriture pendant ce voyage, en y comprenant la dépense du pilote, coûteroient 300 l. Enfin les droits de toute espèce que l'on exige des petits bâtimens au passage des ponts & pertuis, ne monteroient pas à moins de 340 liv. Ainsi la dépense du navire dans cette route, étant de 1240 liv. & sa recette de 2640 liv. on voit que le fret du Naupotame le Diligent, dans cette seule partie de sa navigation, rapporteroit de profit 1400 liv. Ce bénéfice pourroit devenir plus considérable en diminuant, ainsi que je vais l'expliquer, un des articles de sa dépense.

QUE les Droits reconnus ou contestés qu'on force les petits bâtimens de payer au passage des ponts & pertuis sont excessifs, & qu'il seroit à desirer que l'Assemblée Nationale fît des Réglemens pour réprimer ces exactions.

Si la navigation d'un Naupotame tel que le Diligent, étoit lucrative, même de Rouen à

Paris, elle le deviendroit bien plus ſi on réprimoit les exactions de tout genre très-multipliées & ruineuſes, auxquelles on aſſervit les petits bâtimens qui traverſent les pertuis & paſſent ſous les ponts : perſonne n'a été auſſi à portée que moi de les connoître ; je vais les dévoiler ſans aucune diſſimulation.

Les diligences de Rouen, m'a-t-on dit, ſont abonnées au pont de Vernon : celles de quatre cens tonneaux paient en remontant pour paſſer ſous ce pont 100 liv. en tout ; & mon Naupotame qui, jaugé à Rouen, avoit été déclaré ſeulement du port de neuf, a payé pour paſſer ſous ce pont 44 liv. 14 ſ. On voit par-là que par rapport à ſon fret, il a payé environ vingt fois plus que les diligences de Rouen. Je ne manquai pas de me récrier ſur cette diſproportion énorme ; on me dit que les barques de vingt à trente tonneaux qui apportent du coquillage à Paris, n'étoient pas traitées beaucoup plus favorablement ; qu'elles payoient comme moi à-peu-près la moitié de ce que paient les diligences, &, comme on le voit, ſix à ſept fois plus que les diligences, proportionnellement à leur fret.

Ces exactions ne sont pas égales dans toute la route. A Mantes on exigea de moi 18 liv. pour le passage du pont, quoique pour le passer je n'aie absolument reçu aucun secours de personne; à Neuilly, où je reçus quelques secours, je n'ai payé que 3 liv. 10 sols. Voici, je crois, la cause de cette différence : au loin, ces exactions sont ignorées ; près de la capitale, elles seroient connues & réprimées. Enfin les douze tonneaux de plomb laminé qui formoient tout le fret de mon Naupotame, ne m'ont rapporté que 167 liv. & les frais que j'ai payés au passage des ponts & pertuis se montent (comme on le verra dans une des listes que contiennent les notes) à plus de 220 liv.

A la vérité, s'il y a un grand nombre de ces frais qu'on exige au passage des ponts & pertuis qui pourroient être supprimés ou considérablement diminués, on ne peut pas s'empêcher de reconnoître qu'ils sont en général plus considérables dans les petits bâtimens relativement à leur fret, que dans les grands; il faut également, pour ces divers bâtimens, qu'un grand nombre d'hommes se déplacent & dirigent toutes les manœuvres néceſſaires pour les faire paſſer ſous ces ponts.

Si l'Aſſemblée Nationale, prenant ces choſes en conſidération, faiſoit des loix, des réglemens ſur cet objet, tels que, plus favorables aux petits navires qu'aux grands bateaux, ils payaſſent tous en paſſant les ponts & pertuis relativement à leur fret; alors une diligence de quatre cens tonneaux paieroit pour toute ſa route environ 500 liv. les barques de trente tonneaux qui apporteroient du coquillage ne paieroient que 37 liv. 10 ſols; le Diligent 150 liv. ſeulement; & le bénéfice que rapporteroit ſon fret de Rouen à Paris ſeroit de 1590 liv.

Des grands Naupotames qui iroient de Paris ou de Rouen à Pondichéry.

Non-seulement cette forme nouvelle de navire rendroit maritimes, ſi on l'adoptoit, des villes qui ne le ſont pas, elle rendroit même plus maritimes des villes qui le ſont. On verroit partir de Rouen, du Havre, de Caen, d'autres villes & y arriver, des navires d'un port plus considérable que ceux qu'elles reçoivent. Un vaisseau ordinaire, par exemple, qui auroit vingt-trois pieds de bau, douze de creux, soixante-six de longueur à la flottaison & onze de tirant d'eau, étant du port d'environ cent quatre-vingt tonneaux, ne pourroit, avec toute sa charge, partir que du Havre & n'arriver qu'au Havre; un Naupotame du même port, ayant cent pieds de longueur, vingt de largeur, dix de creux & huit de tirant d'eau, partiroit de Rouen, & y arriveroit avec toute sa charge. J'appellerai ce Naupotame *le Sylax* : il est représenté à la voile & marchant au plus près, figure 10.

De semblables navires, dont la cale auroit de longueur un tiers de plus que celle d'un vaisseau ordinaire du même port, & un tiers de moins de profondeur, donnant un espace bien plus étendu, bien plus près de la masse d'air qui circule sur le pont, ils seroient par-là plus propres au transport qu'on fait d'Afrique à l'Amérique de ces hommes sans lesquels nos colonies seroient incultes; &, rendant la communication de Rouen avec divers pays plus directe, ils rendroient peut-être à cette ville une partie de la prééminence du commerce que le Havre lui enlève chaque jour.

Lorſque la Seine n'a de hauteur que celle qu'exige la navigation des diligences, ou ſix pieds, ces Naupotames pourroient arriver à Paris ou en partir avec une partie ſeulement de leur fret. Si dans le chenal que ſuivent les bâtimens il y avoit ſeulement huit pieds d'eau, ils pourroient partir de notre capitale & y arriver avec toute leur charge. Avec quelle ſurpriſe ne les verroit-on pas faire voile de l'un de nos ports pour l'Inde, ou y mouiller, en arrivant de Pondichéry !

Je ſuis, Monſieur, avec reſpect, *&c.*

CINQUIÈME LETTRE.

Des moyens de ſimplifier & de perfectionner la voilure des vaiſſeaux.

MONSIEUR,

Le Vaiſſeau, cette machine ſi ſuperbe, ſi utile, ce chef-d'œuvre de l'homme, eſt devenu avec le tems d'une grandeur ſi prodigieuſe, qu'il préſente aujourd'hui dans ſa compoſition, des difficultés qu'on n'avoit pas à ſurmonter il y a dix ſiècles : tant qu'il n'a eu qu'une certaine grandeur, on a pu à chaque manœuvre, pour ainſi dire, changer la poſition des cordages qui retiennent les mâts, la régler ſur ce qu'exigeoit la ſituation des voiles; on a pu donner à ces voiles les formes que l'on préféroit.

La grandeur des vaiſſeaux ayant forcé de donner à ces cordages, aux haubans, aux étais, une ſituation déterminée & invariable, il faut ou ſe réſoudre à avoir des voiles dont les mouvemens ſont gênés par ces cordages, qu'on n'oriente que d'une manière très-imparfaite, & dans des circonſtances ſi importantes, que le ſalut des équipages en dépend; & c'eſt ce qu'on a fait juſqu'à préſent; ou bien déterminer la figure des voiles ſur la ſituation déterminée de ces cordages, afin qu'on puiſſe les orienter de toutes les manières poſſibles; c'eſt ce que je propoſe, comme le prouvent tous les deſſins de voilures que j'ai donnés précédemment.

Je crois devoir remarquer auſſi que dans la compoſition de la voilure des vaiſſeaux, il ſemble qu'on n'a pas fait toute l'attention que l'on devoit faire aux diverſes propriétés que devoient avoir les voiles, ſelon le lieu du vaiſſeau où elles étoient établies. Par exemple, les voiles de l'avant & de l'arrière étant deſtinées à faire faire aux vaiſſeaux leurs diverſes évolutions, on ne ſauroit, je penſe, s'appliquer avec trop de ſoin, à faire qu'elles puiſſent avec facilité, avec célérité, s'orienter de toutes les manières poſſibles; ſe ſupprimer lorſque l'action que le vent exercercit ſur leur ſurface ſeroit défavorable, ſoit en les carguant promptement, ſoit en les mettant dans le lit du vent.

Qu'on examine ſous ce point de vue les artimons qui ſont à l'arrière des vaiſſeaux, & les focs qui ſont à l'avant, & on verra qu'ils ſont bien éloignés d'avoir ces propriétés qu'ont ſingulièrement les voiles latines que j'établis à ces deux extrémités des navires.

Ces propriétés, ſi importantes pour les voiles de la poupe & de la proue des navires, ne ſont pas auſſi eſſentielles à celles qui en occupent la partie du milieu, & qui, ſans être employées pour leurs diverſes évolutions, contribuent beaucoup à en accélérer la marche. J'appellerois donc en général, les premières, *voiles de manœuvre*, & les dernières, *voiles de marche*.

J'obſerverai enfin que les voiles baſſes des plus grands vaiſſeaux étant celles qui s'orientent de la manière la plus imparfaite pour aller au plus près, ce ſont auſſi celles auxquelles il eſt le plus important de ſubſtituer des nouvelles voiles latines, qui s'orientent parfaitement pour ces routes du plus près.

Les diverſes voilures nouvelles, repréſentées figures 5, 6, 7, 8, 9, 10, & que je regarde comme les plus propres de celles qu'on pourroit donner aux Naupotames, pourroient encore convenir à un grand nombre de petits bâtimens. On les fubftitueroit, je penfe, avec avantage à celles des bateaux Bermudiens, des gouélettes, des galères, des chebecks, des corvettes & des petites gabares; mais on fubftitueroit fur-tout, avec de grands avantages, la voilure figure 10 à celle des plus petits navires marchands à trois mâts, en lui donnant plus d'élévation fans en changer le deffin. Elle feroit bien plus économique, exigeroit un équipage moins fort, diminueroit le travail des matelots & les préferveroit de divers dangers : je vais indiquer les voilures latines plus confidérables qui pourroient être fubftituées d'une manière avantageufe à celles des vaiffeaux de différentes grandeurs.

La figure 11 repréfente un navire à trois mâts couvert de voiles latines, ou le développement le plus complet du nouveau fyftême de voilure que je propofe. Ce navire, que j'appelle *l'Hirondelle*, a, comme on peut le remarquer, des voiles hautes dont j'ai dit un mot dans ma feconde Lettre : celles des perroquets. Ces voiles ne diffèrent pas de celles

dont

dont on fait quelquefois usage dans la marine moderne & qu'on nomme *catatuas*. Elles ressemblent à la voile que les très-grands vaisseaux des Anciens avoient au haut de leurs mâts, & qu'on nommoit *supparum*. Elles ont aussi quelque analogie avec le perroquet de fougue de nos navires ; mais elles sont établies d'une manière plus simple & plus conforme aux loix de la méchanique, parce qu'elles n'ont qu'une vergue, & que cette vergue est au bas de la voile. Cette voilure seroit, je pense, substituée avec avantage à celle de tous les navires employés au commerce, même à celui des grandes Indes. Elle conviendroit aux corvettes, aux gabares, même aux petites frégates à une batterie. En retranchant le mât du milieu de ce navire, on auroit encore une voilure de brigantin, préférable, sous plusieurs rapports, à celle qu'il a ordinairement.

Si on gréoit dans le vaisseau, figure 12, des voiles quarrées au haut des trois mâts de ce vaisseau que je nommerai *le Thésée*, cette voilure alors pourroit convenir aux vaisseaux de guerre : voici les raisons qui me détermineroient à substituer dans ces vaisseaux les voiles latines perfectionnées à celles dont elles occuperoient la place.

L'artimon des grands vaiſſeaux ne peut pas s'établir pour le vent arrière ; celui que je propoſe s'établiroit parfaitement pour ce vent. Cet artimon des grands vaiſſeaux ne ſe projette pas aſſez à l'arrière dans pluſieurs circonſtances, puiſqu'on y ajoute une bonnette ; celui que je propoſe tiendroit lieu de ces deux voiles.

La grande voile des vaiſſeaux s'oriente encore d'une manière très-déſavorable pour aller au plus près ; quelques efforts qu'on ait faits pour y corriger ce défaut, ſa vergue ne s'oriente qu'à un angle de trente-trois degrés avec la quille, tandis qu'elle devroit s'orienter à un angle de la moitié moins, ou de dix-ſept degrés ; & le grand hunier qu'on oriente un peu mieux, ne s'oriente pas encore aſſez bien : les deux voiles latines baſſes qui en tiendroient à-peu-près lieu, s'orientent de la manière la plus ſavorable pour ces routes ; & ce que je viens de dire pour la grande voile & le grand hunier, a également lieu pour la miſaine & le petit hunier.

On entrevoit aſſez par tout ce qui précède, que ces mêlanges des nouvelles voiles latines avec les voiles quarrées, pourroient ſe faire d'un grand nombre de manières différentes, & avec d'autant plus de facilité, que les voiles latines ſe meuvent ou par-deſſus, ou par-deſſous les étais, & n'obligent pas, comme dans les gouélettes, de changer la ſituation de ces principaux cordages, ſi néceſſaires pour aſſujettir bien la mâture.

La figure 13 repréſente une jole, le plus petit bâtiment dont on faſſe uſage en mer, avec deux voiles latines ſeulement. Cette jole & le grand vaiſſeau figure 12, montrent le *maximum* & le *minimum* de la nouvelle voilure.

A l'égard de la figure F, elle indique, comme je l'ai dit, la manière d'établir dans la nouvelle voilure, les axes de révolution des baſſes voiles.

S'il y a quelque moyen de perfectionner une machine auſſi compliquée que l'eſt le vaiſſeau, ou ſeulement la partie de cette machine qui appartient à ſa voilure, c'eſt, je penſe, en faiſant ſuccéder un aſſez grand nombre de fois les expériences aux réflexions, & les réflexions aux expériences. En ſuivant cette méthode pendant un aſſez grand nombre d'années, j'ai rendu par degré ma nouvelle voilure en état de ſoutenir en mer les épreuves déciſives qui en ont été faites ſur le Naupotame en 1787; & d'après les réflexions que j'ai été à portée de faire pendant ces épreuves, je me déterminerois à faire divers changemens aux deſſins de voilure que j'ai donnés précédemment : je vais, Monſieur, les ſoumettre à vos lumières.

Les épreuves du Naupotame que j'ai rapportées dans ma troiſième Lettre, & particuliérement celles que nous fîmes lorſque nous fûmes ſurpris par un grain au cap de la Heve, me convainquirent plus que jamais de ce que j'avois penſé, que c'étoit aux extrémités du navire qu'il falloit établir les voiles que j'ai appellées *voiles de manœuvres*. D'après cette réflexion, j'ai changé la ſituation que j'avois donnée à la grande voile dans les vaiſſeaux à trois mâts ; & au lieu de la mettre entre le mât de miſaine & le grand mât, je la mets entre ce dernier & le mât d'artimon;

& j'établis deux voiles d'étais dans le lieu qu'elle occupoit. Ce changement lève en quelque ſorte le ſeul obſtacle de quelque conſidération que préſentât l'établiſſement de la nouvelle voilure ſur les grands vaiſſeaux; ou la difficulté de combiner dans la première ſituation que j'avois donnée à la grande voile, ſon établiſſement avec le très-grand paſſage qu'on doit réſerver pour embarquer & débarquer la chaloupe. Voici, en allant de la poupe à la proue figure F, comment les ſtyls ou les axes de révolution des voiles ſeroient établis. Le ſtyl d'artimon s'élève perpendiculairement le long de la face intérieure de la dunette, & ne gêne en rien. Le ſtyl de grande voile paſſe entre le banc de quart & l'eſcalier, & ne gêne pas non plus. Les ſtyls KK, établis le long des mâts, n'occupent non plus aucun eſpace deſtiné à d'autres uſages; & les axes de révolution de la miſaine & du perroquet de beaupré ne gêneroient aucunes des manœuvres qu'on doit faire dans ces vaiſſeaux.

Je pourrois faire voir par un grand nombre de parallèles du même bâtiment voilé à l'ordinaire, ou gréé avec les voiles latines perfectionnées, combien le dernier grément présenteroit d'avantage : je me contenterai de renvoyer à ceux que j'ai faits (1).

Je suis avec respect, &c.

---

(1) Voyez *Navires des Anciens*; page 165, *Journal de Physique*, *Observations sur les moyens de prévenir à Paris la disette des grains*, mois d'Août 1789.

SIXIÈME LETTRE.

De l'usage que les habitans de la capitale pourroient faire des Naupotames, des Yachts, des Gondoles & des Canots.

MONSIEUR,

Si jamais les habitans de cette capitale ont pu espérer de la voir redevenir maritime, c'est dans ce moment où l'un des Souverains qui a le plus de connoissances des manoeuvres qu'on fait en mer, qui a formé le plan du voyage que M. de la Peyrouze fait sur les traces de Cook, où Louis XVI vient y habiter, & se propose d'y faire sa principale résidence. J'ai décrit dans mes premières Lettres les plus grands navires qui pourroient y mouiller; je vais jetter un coup-d'œil rapide dans celle-ci sur ceux qui, exécutés sur de bien plus petites échelles, seroient consacrés principalement à l'agrément.

Les perſonnes qui, jouiſſant d'une aſſez grande fortune, ont une maiſon à Paris & une habitation ſur les bords de la Seine, de la Marne, de l'Oiſe, ſont obligés de faire tranſporter un grand nombre de choſes au printems, de leur maiſon de ville à leur terre ; & à l'approche de l'hiver, elles font au contraire apporter des denrées, des meubles, & divers effets de leur terre à leur maiſon de ville. Au-deſſus de Paris, ſur la Seine, les coches d'eau offrent à cet égard quelques facilités ; mais on ne les a, ces facilités, que dans un certain tems de l'année ; on ne les a pas ſur la Marne, on ne les a pas ſur la Seine au-deſſous de Paris, on ne les a pas ſur l'Oiſe ; & les diligences de Rouen, qui ne partent de Paris que toutes les ſemaines, qui ne s'arrêtent pas à tous les lieux indiſtinctement, & qui ne ſont pas pontés comme les Naupotames, laiſſent, quand on en uſe pour ces tranſports, pluſieurs choſes à deſirer.

Des Naupotames depuis vingt-ſix juſqu'à trente-ſix pieds à la flottaiſon, qui coûteroient, les plus petits, cent louis, les plus grands deux cens, pourroient, ſelon moi, être très-utiles pour faire ces tranſports promptement à point nommé, & ſûrement pour les effets qu'on voudroit conſerver en ſe diſpenſant du ſoin de les emballer. Ils pourroient encore ſervir à tranſporter un grand nombre de domeſtiques. En deſcendant, un marinier ſuffiroit pour diriger leur route ; en remontant, un ſeul cheval les haleroit lorſqu'ils auroient le vent contraire. Il y a donc tout lieu de croire que ces Naupotames ſeroient pour un grand nombre de perſonnes un objet d'économie : conſidérons-les ſous un autre rapport & comme des yachts.

« Les yachts, dit M. l'Eſcalier, ſont preſque » tous légers, faits pour la marche. Ils ont » ordinairement deux mâts & la même voi» lure que le ketch, bâtiment anglois : les » plus conſidérables en ont trois & les mêmes » voiles qu'un vaiſſeau ; mais leur mâture » & leur vergues ſont très-déliées, on n'y » voit que peu de poulies, & leur grément » eſt en général très-leſte ; toutes les parties » en ſont richement décorées de peinture, de » ſculpture & de dorure ; leurs emménage» mens ſont très-commodes, & tout enfin dans » ces petits navires eſt ſoumis à l'agrément.

» Le Roi & la Reine d'Angleterre ont chacun
» un yacht magnifique, commandés, quand
» ils s'en fervent, par les premiers Officiers
» généraux : c'étoit le célèbre Lord Anfon
» qui commandoit celui de George II lorfqu'il
» paffoit la mer dans fon yacht pour aller à
» Hanovre ; les marins les plus diftingués, &
» les perfonnes qualifiées ou riches, font conf-
» truire de ces yachts, & s'en fervent dans la
» belle faifon pour faire de petits voyages
» en France, en Hollande, à Lisbonne ».

Si les promenades fur l'eau font les délices des Anglois, dont nous adoptons les goûts comme ils fuivent les nôtres, pourquoi, à leur exemple, n'aurions-nous pas des yachts ? Les petits bâtimens de cette efpèce rendroient nos promenades à la campagne moins bornées : celles qu'on fait par terre, on le fait, ne s'entreprennent pas fans inconvénient lorfque le foleil brûle l'horifon ; elles font foumifes au nombre de chevaux & de voitures dont on peut difpofer ; au chemin qu'on peut faire à pied fans fe fatiguer ; & l'âge, ou les infirmités, privent fouvent également quelques perfonnes, & de la force qu'il faut pour marcher long-tems, & des divers ſecours qu'offrent les chevaux. Lorſque vous ne pouviez, Monſieur, ſoutenir ſans douleur, il y à trois ans, le mouvement d'une voiture de terre, vous fîtes à Paſſy, dans le petit yacht qu a ſervi de modèle pour la ſtructure & la voilure de mon Naupotame, une promenade aſſez longue, qui parut vous être agréable, & qui nous donna, à vos amis & à moi, bien de la ſatisfaction. Combien de gens foibles, infirmes, paralytiques, & forcés de garder continuellement leurs foyers, ou de voyager, à cauſe de leurs infirmités, triſtement en litière, pourroient, s'ils avoient des Naupotames, faire en quelques jours, ſans fatigue, des promenades de cent lieues ſur nos rivières ?

Si on n'a fait que peu d'uſage juſqu'à préſent des petites voitures d'eau, c'eſt parce qu'on ne s'étoit pas aſſez appliqué à rechercher quelle devoit être leur forme, leur voilure, la grandeur, la ſituation qu'il falloit donner à la petite habitation qu'on y pratique, pour ceux qui s'y embarquent, afin qu'ils ne gênent point la manœuvre des voiles & n'en ſoient pas incommodés ; c'eſt parce qu'on n'a vu ſur la Seine que des bateaux mal-propres, mal formés, ou des canots faits comme ils doivent l'être pour naviguer en mer, mais trop mobiles pour que les femmes s'y embarquent ſans crainte.

Les Vénitiens nous offrent ſur ces voitures des exemples que nous devons ſuivre : ils font les canots de leurs navires comme nous; mais leurs gondoles, dont la marche eſt ſi rapide, leurs charmantes péotes ſont plates par-deſſous comme mon Naupotame, comme mon Yacht, & on y navigue de même ſans crainte.

Si les gens riches qui habitent Paris prenoient du goût pour les petites voitures d'eau, comme ils ont celui des voitures de terre, la Seine, pluſieurs lieues au-deſſus & au-deſſous de cette capitale, ſe couvriroit de gondoles, de péotes, de yachts, de canots, de joles magnifiques ; elle offriroit le ſpectacle enchanteur de la Brinthe, & des canaux de Veniſe & de Hollande.

Ceux de ces yachts qui ſeroient de trente-ſix pieds de long pourroient donner de nouvelles jouiſſances aux perſonnes qui ont de très-grandes fortunes, ſur-tout ſi elles avoient le goût de la peinture : la Seine depuis Paris jufqu'au Havre, offre une fucceffion prefque continuelle de vues très-pittorefques dont elles pourroient jouir & qu'elles pourroient faire deffiner ; & celles de ces perfonnes qui ne craindroient pas la mer, pourroient prolonger leurs promenades jufqu'à Cherbourg, aux îles qui font dans la Manche & aux côtes de l'Angleterre.

Les plus petits bâtimens de cette efpèce, variés dans leurs formes & diftribués fur les pièces d'eau des jardins, en rendroient encore les vues plus piquantes & plus animées. Ils pourroient auffi rappeller à l'efprit des idées intéreffantes. Quelques mouffes diftribués avec art fur l'un de ces yachts, fuffiroient pour nous montrer l'arrangement des rameurs & des rames, dans la birême ou dans la trirême des Anciens. On pourroit exécuter en petit fur ces pièces d'eau, le pros des îles des Larrons dans la mer du Sud, fi admirable pour fa voilure, au rapport de l'Amiral Anfon, les pyrogues qu'on trouve dans différentes mers, & le canot très-fingulier des Groenlandois.

Les manœuvres que l'on feroit fur les plus

petits de ces canots, qui pourroient n'avoir que douze à quinze pieds de longueur, & deux voiles ſeulement, ſeroient d'autant plus curieuſes, d'autant plus inſtructives, que les pièces d'eau de nos jardins n'ayant pas de courant, on verroit ces canots comme les plus grands vaiſſeaux, aller au plus près virer de bord vent arrière, vent devant, mettre à la cap, mettre en travers, & répéter ſouvent ces manœuvres ſavantes, dont dépend quelquefois la vie des navigateurs, & que beaucoup de perſonnes qui ne les connoiſſent pas, liſent cependant ſans intérêt dans les voyages de Magellan, d'Anſon, de Cook, de Bougainville, & d'un grand nombre d'autres Marins qui ont rendu leurs noms célèbres.

Je ſuis avec reſpect, *&c.*

POST-SCRIPTUM.

MONSIEUR,

Le fléau dont nous avons été menacés cette année me donna lieu d'ajouter un Ecrit aux Lettres que j'avois eu l'honneur de vous soumettre la première fois que je les publiai. Il a pour titre : *Observations sur les moyens de prévenir à Paris la disette des Grains.* Imprimé dans le Journal de Physique au mois d'Août, j'en fis tirer à part quelques exemplaires, que je fis remettre au Comité de Subsistances de l'Assemblée Nationale, à celui de la Ville, & au District de S. Germain, dont je suis.

Un Membre de ce District, M. le Gendre, y proposa, dans une Assemblée générale, d'ouvrir une Souscription pour rendre, d'après le projet développé dans mes *Observations*, Paris Port. Quelques personnes se joignirent à lui, & on me fit inviter à exposer de nouveau moi-même mes idées à ce sujet : je répondis comme je le dus à cet honneur que me fit mon District. J'y lus de nouvelles remarques ſur ce ſujet; & l'Aſſemblée m'ayant entendu, manifeſta le vœu qu'elle avoit que j'ouvriſſe une Souſcription pour rendre Paris Port. Si d'autres Diſtricts, ſi la Commune, formée de leurs Repréſentans, ſemblent témoigner le même vœu, après avoir lu les Lettres que je publie aujourd'hui, dans leſquelles mon projet eſt bien plus développé, j'ouvrirai cette Souſcription, & j'aurai l'honneur de vous en faire part.

Des frais que j'ai payés en remontant la Seine avec mon Naupotame en 1787.

Mémoire du montant d'un navire à M. Le Roy.

A Vernon, ce 8 Octobre 1788.

	l.	ſ.
Maîtriſe, à Charité, maître de pont . .	4 l.	0 ſ.
Aides	10	
Compagnons & hune	2	10
Giroult.	2	
Envergure d'aval le pont	1	5
Courbage & pieux	1	9
Envergure d'amont le pont	1	
Cueillage du trait & d'un bateau qui apporte les cordes	1	4
Marandiez	1	
Bourget	1	4
Peine du payeur	1	4
Peinte aux aides	1	4
Fermage & défermage		6
Couillée		5
Pieux d'aval le pont		5
Paſſage de l'île de Fouy		5
Tout hors & repriſe		9
Pour boire au charretier		6
Pour la veuve Duval		6
Pour boire à l'équipage	1	4
Pour les hallages	9	2
Chevaux, deux	2	
Porvillés	3	4
Total du mémoire fourni par Charité, maître de pont	44	14
Aides & droits réunis, 5 iv. 13 ſols.		
Droit d'anſe conteſté par les mariniers, 1 liv. 10 ſ.		
Total	51	17

Des frais que j'ai payés au Passage des Ponts & Pertuis dans tout mon voyage.

	l.	ſ.	d.
A Martot	9		
Au Pont-de-l'Arche	36		
A Poſe	18		
A Mui		12	
Aux Andelis	2	7	
Aux Gourdaines.	9	10	
A Vernon	51	17	
A Toin	2	8	
A Lavaucourt		6	
A Mantes	18	6	6
A Meulan	25	16	9
A Ragé-port.	1	12	
A Poiſſy	23	7	6
Au Pecq	3	10	
A Chatou	4	10	
A la Morue	12		
A Neuilly	3	10	
A Saint-Cloud	3	2	
A Sève.	2	8	
Au Pont-Royal	1	5	
Somme totale de ces droits . . .	226	5	9

A Paris, de l'Imprimerie de Stoupe.

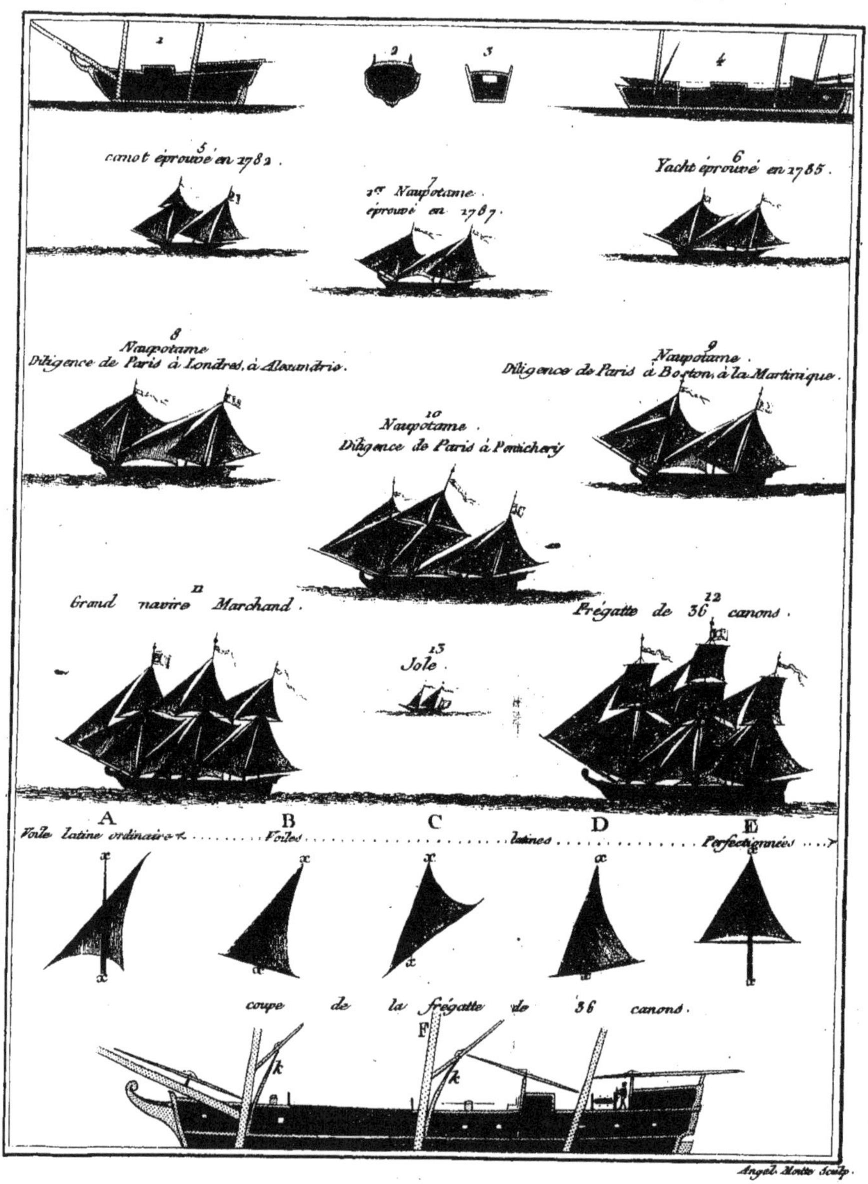
1
2
3
4
5 canot éprouvé en 1782.
6 Yacht éprouvé en 1785.
7 1er Naupotame éprouvé en 1787.
8 Naupotame Diligence de Paris à Londres, à Alexandrie.
9 Naupotame. Diligence de Paris à Boston, à la Martinique.
10 Naupotame. Diligence de Paris à Pondichéry
11 Grand navire Marchand.
12 Frégatte de 36 canons.
13 Jole.
A
B
C
D
E
Voile latine ordinaire ← .... Voiles .... latines .... Perfectionnées ....→
x
x
x
x
x
x
x
x
coupe de la frégatte de 36 canons.
F
k
k
Angel. Motte Sculp.

www.ingramcontent.com/pod-product-compliance
Ingram Content Group UK Ltd.
Pitfield, Milton Keynes, MK11 3LW, UK
UKHW021109290826
14628UKWH00014B/1427

9 782013 571548